新 視 野
中華經典文庫

新 視 野
中華經典文庫

周易

名譽主編　饒宗頤

導讀及譯注　周錫䪖

中華書局

新視野中華經典文庫

周易

□
導讀及譯注
周錫䪖

□
出版
中華書局（香港）有限公司
香港北角英皇道 499 號北角工業大廈一樓 B
電話：(852) 2137 2338　傳真：(852) 2713 8202
電子郵件：info@chunghwabook.com.hk
網址：http://www.chunghwabook.com.hk

□
發行
香港聯合書刊物流有限公司
香港新界大埔汀麗路 36 號
中華商務印刷大廈 3 字樓
電話：(852) 2150 2100　傳真：(852) 2407 3062
電子郵件：info@suplogistics.com.hk

□
印刷
深圳中華商務安全印務股份有限公司
深圳市龍崗區平湖鎮萬福工業區

□
版次
2012 年 12 月初版
2020 年 6 月第 4 次印刷

□
規格
大 32 開（205 mm × 143 mm）

□
ISBN：978-988-8181-27-8

出版説明

為甚麼要閱讀經典？道理其實很簡單——經典正正是人類智慧的源泉、心靈的故鄉。也正是因此，在社會快速發展、急劇轉型，因而也容易令人躁動不安的年代，人們也就更需要接近經典、閱讀經典、品味經典。

邁入二十一世紀，隨着中國在世界上的地位不斷提高，影響不斷擴大，國際社會也越來越關注中國，並希望更多地了解中國、了解中國文化。另外，受全球化浪潮的衝擊，各國、各地區、各民族之間文化的交流、碰撞、融和，也都會空前地引人注目，這其中，中國文化無疑扮演着十分重要的角色。相應地，對於中國經典的閱讀自然也就有不斷擴大的潛在市場，值得重視及開發。

於是也就有了這套立足港臺、面向海外的「新視野中華經典文庫」的編寫與出版。希望通過本文庫的出版，繼續搭建古代經典與現代生活的橋樑，引領讀者摩挲經典，感受經典的魅力，進而提升自身品位，塑造美好人生。

本文庫收錄中國歷代經典名著近六十種，涵蓋哲學、文學、歷史、醫學、宗教等各個領域。編寫原則大致如下：

（一）精選原則。所選著作一定是相關領域最有影響、最具代表性、最值得閱讀的經典作品，包括中國第一部哲學元典、被尊為「群經之首」的《周易》，儒家代表作《論語》、《孟子》，道家代表作《老子》、《莊子》，最早、最有代表性的兵書《孫子兵法》，最早、最系統完整的醫學典籍《黃帝內經》，大乘佛教和禪宗最重要的經典《金剛經、心經、壇經》，中國第一部詩歌總集《詩經》，第一部紀傳體通史《史記》，第一部編年體通史《資治通鑑》，中國最古老的地理學著作《山海經》，中國古代最著名的遊記《徐霞客遊記》，等等，每一部都是了解中國思想文化不可不知、不可不讀的經典名著。而對於篇幅較大、內容較多的作品，則會精選其中最值得閱讀的篇章。使每一本都能保持適中的篇幅、適中的定價，讓普羅大眾都能買得起、讀得起。

（二）尤重導讀的功能。導讀包括對每一部經典的總體導讀、對所選篇章的分篇（節）導讀，以及對名段、金句的賞析與點評。導讀除介紹相關作品的作者、主要內容等基本情況外，尤強調取用廣闊的「新視野」，將這些經典放在全球範圍內、結合當下社會生活，深入挖掘其內容與思想的普世價值，及對現代社會、現實生活的深刻啟示與借鑒意義。通過這些富有新意的解讀與賞析，真正拉近古代經典與當代社會和當下生活的距離。

（三）通俗易讀的原則。簡明的注釋，直白的譯文，加上深入淺出的導讀與賞析，希望幫助更多的普通讀者讀懂經典，讀懂古人的思想，並能引發更多的思考，獲取更多的知識及更多的生活啟示。

（四）方便實用的原則。關注當下、貼近現實的導讀與賞析，相信有助於讀者「古為今用」、自我提升；卷尾附錄「名句索引」，更有助讀者檢索、重溫及隨時引用。

（五）立體互動，無限延伸。配合文庫的出版，開設專題網站，增加朗讀功能，將文庫進一步延展為有聲讀物，同時增強讀者、作者、出版者之間不受時空限制的自由隨性的交流互動，在使經典閱讀更具立體感、時代感之餘，亦能通過讀編互動，推動經典閱讀的深化與提升。

這些原則可以說都是從讀者的角度考慮並努力貫徹的，希望這一良苦用心最終亦能夠得到讀者的認可、進而達致經典普及的目的。

「弘揚中華文化」是中華書局的創局宗旨，二〇一二年又正值創局一百週年，「承百年基業，傳中華文明」，本局理當更加有所作為。本文庫的出版，既是對百年華誕的紀念與獻禮，也是在弘揚華夏文明之路上「傳承與開創」的標誌之一。

需要特別提到的是，國學大師饒宗頤先生慨然應允擔任本套文庫的名譽主編，除表明先生對本局出版工作的一貫支持外，更顯示先生對倡導經典閱讀、關心文化傳承的一片至誠。在此，我們要向饒公表示由衷的敬佩及誠摯的感謝。

倡導經典閱讀，普及經典文化，永遠都有做不完的工作。期待本文庫的出版，能夠帶給讀者不一樣的感覺。

中華書局編輯部

二〇一二年六月

目錄

附錄

《周易》導讀

周錫䪖

一、《周易》的魅力

二〇〇六年七月十日，第十八屆世界杯足球賽決賽在德國柏林舉行，由法、意兩隊對壘，在經歷加時苦戰成和，最終由雙方互射十二碼決勝之後，意大利隊衝破驚濤駭浪，險勝法國隊，贏得冠軍，歷史性地第四次捧杯而回。說來也許令人難以置信：早在十六強階段，我已運用《易經》原理預測得這一終極戰果。其後，又在四強決戰前夕分別測準了二、三、四名所屬。真有那麼神奇？這是本人的實測，原始記錄俱在，當時亦告知過若干親朋戚友，絕非事後諸葛。

還有更新鮮的事例。二〇一一年六月四日，中國人——準確點說，世界華人可能都曾為這一則消息興奮、激動過：中國選手李娜締造歷史，在世界頂級賽事之一的法國網球公開賽女子單打決賽中，以二比零擊敗意大利衛冕選手斯齊亞沃尼（港譯舒雅雲妮），勇奪桂冠。這是中國、也是亞洲選手首次贏得大滿貫女單世界冠軍。決賽前夕，我曾為兩人分別測算，看究竟誰能取勝。結果，李娜得《小畜䷈》之《巽䷸》（《小畜》卦初爻變，成《巽》卦）；而舒雅得《大過䷛》之《訟䷅》（《大過》三、上爻變，成《訟》卦）。二者情況一吉一凶，對比分明，絕無拖泥帶水之處，跟其後賽果完全一樣。《易經》預測，有時就是那麼「玄乎」。

《易經》，即《周易》六十四卦卦形與卦爻辭，是中國傳世最古老的典籍之一。它有數千年的歷史，但至今風采依然，不僅未呈「老態」，反更魅力四射：除了中國大陸、臺、港、澳（門）之外，在世界各地，尤其是日、韓、星、馬、泰以至歐洲、美洲、澳洲，都引起人們越來越大的興趣和關注，學《易》、研《易》蔚然成風，專門學會紛紛設立，學術刊物定期出版，國際研討会亦不斷召開，二〇〇四年還成立了「國際易學聯合會」，並每隔一年，依次在北京、臺南、首爾、香港舉辦有多國學者參加的學術年會；研究熱潮可謂方興未艾。這在世界文化史上也是罕見的現象。

出現這種盛況，相信與此書博大精深卻又神秘玄妙的性質大有關係。

歷史上，《易經》是中國儒家的群經之首，又是道家「三玄」（老、莊、易）之一，現代更被尊為「中國文化之源」。它以特強的影響力、滲透力、涵蓋力，融入中華民族的語言、習俗、思維方式之中，幾乎已成為人們日常生活的一部分。例如成語中的「革故鼎新」、「否極泰來」、「一陽初復」，香港電視劇名之《九五至尊》、流行曲名《潛龍勿用》，等等，全部都來自《易經》。又如《豫》卦六二爻辭：「介于石，不終日。貞吉。」《象》傳云：「『不終日。貞吉。』

以中正也。」便是蔣介石字中正這一名與字的由來。毛澤東有句名言：「窮則思變，要幹，要革命。」其理念與詞句的本源也幾乎全出於《易經》和《易傳》（先秦時期對《易經》的闡釋、解讀）：《易．繫辭．下》云：「易窮則變，變則通，通則久。」《蠱》卦初六爻辭：「幹父之蠱。」幹，意為辦理、整治，引申為做、拚搏。《革》卦《彖》傳：「革而當，其悔乃亡。天地革而四時成；湯武革命，順乎天而應乎人。」

至於德國學者萊布尼茨（1646–1716）創立的數學二進位制與《易經》六十四卦圖相合（太極生兩儀，兩儀生四象，四象生八卦……），以及丹麥學者、量子力學創始人玻爾（1885–1962）提出的「互補理論」與太極圖（又名「雙魚圖」）相通等等，早已為中西學界所津津樂道。而南韓國旗的圖案設計，更直接採用了《易》卦（用乾☰、坤☷、坎☵、離☲四經卦）與太極雙魚圖。可見這本古老經典的影響真可稱得上是「無遠弗屆」，歷久常新。

二、《周易》之名義與架構

（一）易、三易、《周易》

易，甲骨文作，金文作，表現浮雲蔽日，時露光芒的樣子，有忽陰忽晴之意（參高鴻縉《中國字例》）；是「暘」字的初文。《說文解字》介紹的易為「蜥蜴」或「日月為易」等見解，都是按後來蛻變了的字形而望文生義之說，不足為據。「易」由「陰晴不定」之意引申，指變化、更替、交換，並進而用作名詞，成為上古一類書的統稱。

《周禮·春官·大卜》云：「大卜……掌三易之法，一曰《連山》，二曰《歸藏》，三曰《周易》。其經卦皆八，其別皆六十有四。」《連山》、《歸藏》、《周易》這三種書可能都是以六十四卦卦爻的結構及其變換，表象事物的存在方式與發展態勢，「動」感十足，因此統稱為「三易」。其中《連山》據傳是夏朝的易書，《歸藏》是商朝的易書，《周易》就是周朝的易書。《連山》易以《艮☶》卦為首，艮☶形象山，兩山重疊，故稱《連山》（一說，神農又號連山氏或列山氏，因以為名）。它反映的應是上古先民「穴居野處」，靠山吃山，以狩獵、捕魚為主要生產方式時代的生活、思想狀況。《歸藏》易以《坤☷》卦為首，坤☷形象河川大地，有平順的特點，代表女性；大地博納廣容，萬物莫不歸藏於其中，故得此名（一說，黃帝號歸藏氏，因以為名）。它反映的應是早期農業社會人們的生活、思想狀況，也是母系為尊時代的表徵。《周易》改以《乾䷀》卦居首，乾☰為天，為健，代表男性，以《乾》卦為首，說明周朝已由母系社會發展為父權社會，反映了時代的變遷、演進。後來《連山》、《歸藏》易散佚失傳（僅在古書中保存了一些零碎資料），剩下《周易》一枝獨秀，所以典籍中經常用《易》稱代《周易》。

關於《周易》的名義還有些其他解釋。比如說周為「周普」，即廣泛遍及，「言易道周普，無所不備」之意（鄭玄《易論》）。又說「易一名而含三義：易簡一也，變易二也，不易三也」（《易緯．乾鑿度》、《易論》）等等。那些都是漢人研《易》的體會心得，反映了易道博大精微的若干特點，但是，卻並非《周易》得名的本意。

孔子（前551—前479年）「老而好《易》，居則在席，行則在囊」（《馬王堆漢墓帛書．要》），說：「加我數年，五十以學《易》，可以無大過矣。」（《論語．述而》）並對門下弟子講授過不少研讀《周易》的見解和心得，人們據之輯綴成文，其中七種共十篇（即《彖》上、下，《象》上、下，《繫辭》上、下，《文言》、《說卦》、《序卦》和《雜卦》）廣泛流傳，漢時稱為「十翼」（翼是羽翼、輔助正文之意），成為最早一批注解、評釋、導讀《周易》的著述。

（二）《易經》與《易傳》

由於孔子晚年重《易》，精心研《易》，《周易》成為儒家傳習的主要經典之一，因此被尊為「經」，名《易經》，在戰國時開始與《詩》、《書》、《禮》、《樂》、《春秋》合稱六經。「十翼」既是輔助閱讀經文之作，所以稱為《易傳》（「傳」，仄聲（zhuàn），有詮釋、疏解之意）。漢朝獨尊儒術，《周易》便擴大至包含了「經」、「傳」兩部分內容。其中《易經》就是六十四卦卦形與卦爻辭，即原來的《周易》；《易傳》就是指《彖》、《象》等七種（共十篇）注《易》解《易》之作。由近年考古發現得知，這類注《易》解《易》的作品當時還有不少（例如1973年出土的馬王堆漢墓帛書中便另有《二三子》、《易之義》、《要》、《繆和》及《昭力》等好幾篇），只是運氣欠佳，未得流通於世而已。

應當注意的是，《易傳》雖因成篇的年代較早（現在一般認為是春秋末至戰國時），保存了不少難得的資料和中肯的意見，但畢竟與《易經》的成書時間已至少相去數百年，有的就算確為孔子的觀點，也不少自由比附發揮、似是而非之處，並非「句句是真理」，所以只能視為後人大量注《易》研《易》著作的一部分（當然是極可寶貴的一部分），可作參考，但若要求得對《周易》原旨確切的理解，還必須從本經着手，直探真源，那樣才不至捨本逐末。因此，本書內容的主角，始終是《易經》。至於《易傳》裏那些合理的意見，本書已充分納入「《易經》六十四卦」的注析中。

三、《易經》的性質及其現代價值

《易經》包含天地萬物之理，卻僅以陰陽二爻構成，可謂「既古老，又時尚；既玄妙，又簡單」（漢人說「易」為易簡，確有其道理）。那麼，它到底是本甚麼書？這問題近世以來引起過不少爭議：有人認為它是占筮書，有人認為是哲理書，也有人認為純粹是歷史書，是文、武、周公滅紂興周過程的具體紀錄，而更有人直指是當時某某官員用曲筆寫成的「自傳」，等等。

我對此進行過探究，得出的結論是：《易經》含弘廣大，微妙玄通，是本獨特而奇異的著作，它的性質應分別從「體」、「用」兩方面去辨析和界定。

（一）如按其本體、實質來說，《易經》草創於西周初（公元前十一世紀中）而著成於西周後期（約公元前九世紀中期），是司馬遷（前145或前135年—約前86年）所撰《史記》之前中國最早的一本百科全書。它匯聚了古聖先賢的睿智，融貫古今資料，以當時新興的審美藝術形式（韻文），去反映和表達宇宙自然變化的規律，以及社會人生哲理、歷史經驗、政治觀念和生活智慧，具有極可寶貴的文化價值。特別是全書六十四卦的結構系統，其一起（《乾》、《坤》）一結（《既濟》、《未濟》）與中間諸卦卦序安排所體現的綿密邏輯性與豐富的辯證思想，更屬難能可貴，尤應得到現代人的推崇與珍視。《易經》文字精約，而內容宏富，從宇宙起源、物候變遷，到人世間的軍、政、財、文、史、哲、宗教、教育、道德、倫理、婚姻、家庭、行旅等等，幾無所不包，有關修（身）、齊（家）、治（國）、平（天下）的理念與方法，全涵括在內。說它是中國第一部百科全書，甚至推許為「中華文化之源」，都不算過譽。這是從其「本體」一面看。

（二）從「用」的一面看。《易經》在占筮中形成，為占筮而編撰，而從它誕生之日起，在相當長一段時期內，也主要是用來占筮，因此毋容置疑，它確是一本占筮書。這從充滿全書的「吉、凶、悔、吝、厲、利、无咎」等占筮術語，以及眾多典籍（例如《左傳》、《國語》、《周禮》、《史記》、《漢書》……）與出土簡帛文獻（例如包山楚簡卜筮簡、戰國楚竹書《周易》、馬王堆漢帛書《周易》、阜陽漢簡《周易》等等）所載大量與它相關的資料以及占筮記錄等都足以證明。

綜上所言，可以得出結論：《易經》是一本以百科全書為「體」，而以占筮為「用」的性質奇特的典籍。它蘊含淵懿微妙的哲思，表達敬德、重民的治國理念，保留了好些商、周的史實，盛載大量的上古文化遺存；同時，由於它以特殊的表述方式所揭示的自然、歷史、社會演化通則和人生理念，不少又是具有本體性、周遍性、持續性的，故人們又往往會發現，它常與現代科學原理相通。因此在今天，《易經》可以為自然科學與人文社會科學的研究，包括天文、地理、物理、數學、醫學、經濟學、軍事學、哲學、史學（思想史、政治史、社會史、文化史）、文學、語言學（訓詁、音韻、詞彙、語法、修辭學）等眾多領域，提供許多有用的資料、線索和發人深省的啟示。而更令人嘖嘖稱奇的是，今天據以占問、預測，有時仍相當準確，似乎確有「天機」隱存其中。

四、《易經》蘊含的精義妙理

《易經》蘊含的宇宙、人生之精義奧理，在今天仍有重大參照作用和啟發意義的，至少有如下多個方面：

（一）漸進發展規則，生滅盛衰過程：事物往往經歷由少而長，由低而高，由弱而強，由萌芽、發展、壯大再逐漸走向衰亡的階段，這在《乾》、《漸》等卦中有較突出的反映。

例如《乾》卦各爻由龍潛伏水中，到露出地面，到躍起半空，到飛到天上，再飛到極高處，順次取象，層次井然。飛到天上是春風得意、可以盡展平生抱負之時；而飛至極高處則過猶不及，故「有悔」，意味陷於困境，開始走向下坡。

《漸》卦六爻描述鴻雁如何從河灘開始逐步登高，最後「其羽可用為儀」，意味生命完結（同時也是另一新循環的開始），便同是以象喻手法體現上述生滅盛衰、周期變化的道理。《乾》、《漸》等卦爻辭形象地説明，世間任何事物都不會長盛不衰，恆久不變。假如自詡「英明神武」，曾一度威風八面的秦皇、漢武等輩能及早領悟此一《易》理，便不會惑於方士之言，去大肆勞師動眾，徒然追尋那長生不死之藥，作白日飛升的美夢，而為天下後世譏嘲了。誠如唐代詩人李賀所云：

武帝愛神仙，燒金得紫煙。廏中皆肉馬，不解上青天。（《馬詩》之二十三）

回看今天的世界，自上世紀九十年代蘇聯解體後，美國成唯一超級霸權大國，躊躇滿志，頤指氣使，自以為「飛龍在天」，可以為所欲為，但自二〇〇一年「9．11」遇襲，接着揮軍入侵阿富汗、伊拉克，卻泥足深陷於所謂的「反恐」戰爭多年，又經歷金融風暴、經濟衰退、財政危機等重重打擊，在連番摧折之下，國力虛耗，元氣大傷，債臺高築，窘態畢呈，其驕橫不可一世的氣焰已遭重挫，霸權地位大大動搖。它是否正步以往法、德、英等曾相繼稱雄於世的「列強」先輩的後塵，不可逆轉地逐漸走上「亢龍有悔」的衰頹之路，已越來越引起寰球輿論的熱議和關注。

而形成對照的是，中國自八十年代「文革」終結、改弦更張以來，尤其是近十年（2001－

2011）中，已從韜光養晦的「潛龍勿用」，到快速冒起，呈現「見龍在田」、「或躍在淵」之生氣蓬勃的發展態勢：國內生產總值（GDP）從二〇〇一年的1.32萬億美元迅速提升至5.93萬億，超越日本，成為世界第二大經濟體；外匯儲備也從1900億美元急增至3.2萬億，居於世界第一，並取代日本成為美國最大債權國；又取代德國成為世界最大出口國；近年則致力「堅持實施擴大內需戰略，着力調整優化需求結構，保障中國經濟實現更長時間、更高水平、更好質量的發展」（總理溫家寶在第五屆達沃斯論壇上的講話，2011年9月14日，大連）。正如輿論所云：美國國力在過去十年明顯走下坡，中國等新興國家崛起，經濟重心由西方轉至東方，改寫全球政經格局。到底實際前景將會如何，大家不妨拭目以待。

（二）物極必反，窮則生變：《乾・上九》之「亢龍有悔」，《坤・上六》之「龍戰（接）于野」，《否・上九》之「傾否，先否後喜」，《泰・九三》「无平不陂，无往不復」，《既濟》之「初吉，終亂」，以及六十四卦以《未濟》為結束等等，無不反覆說明這一道理，顯示出十分可貴的辯證思想。

《坤☷》為純陰之卦，至上六爻，窮陰極寒，急需陽氣灌注，於是便有「天龍接地」（實際是彩虹垂野），天地交合，復生萬物之象。《否・上九》是《否》卦最上一爻（「否」，音痞，是閉塞不通、壞劣不善之意，可指壞人壞事），《否》卦到了盡頭就要傾覆其否，令情況由壞變好，所以有「先否後喜」，即「否極泰來」之兆。《既濟》之「初吉，終亂」剛好相反，是開始吉利，最終出亂子，意味情況將會由好變壞，即由《既濟》向《未濟》轉化，所以如果占得此卦，君子當居安思危。而以《未濟》卦終結《易經》全書，也無非藉此昭告世人：事物發展不會窮盡，「窮則變，變則通，通則久」，經歷變化的洗禮之後，又會重新出發，展開一段新的旅程；世界就如是生生不已。

《易經》除闡明上述生滅盛衰、窮變通久的發展演化規律之外，還蘊含其他不少有關宇宙人生的至言妙理。

（三）自強不息，厚德載物：《乾》卦《象》傳云：「天行健，君子以自強不息。」《坤》卦《象》傳云：「地勢坤，君子以厚德載物。」勉勵君子當效法天體之堅毅剛健、周流不息，從而孜孜不倦地奮發自強，建功立業；同時，又須效法大地之坦蕩遼闊，修養成優良的品格，以廣博的襟懷包容萬物，承擔責任。這種精神是人類社會可持續發展的重要柱石之一，亟須珍視，並予以發揚光大。

（四）主中正，無過無不及：六十四卦每卦由上、下兩經卦（三畫之卦稱為經卦）組成，每卦六爻，從下往上數，一、三、五爻為陽位，二、四、六爻為陰位。若陰爻居陰位、陽爻居陽位，謂之得正位；凡位正者有利，反之則否。又，二爻為下卦之中位，五爻為上卦中位，爻居中位多吉，故《易・繫辭》云：「二多譽，四多懼；三多凶，五多功。」可見「中正持平」，不偏不倚，遵從正道，不採偏激、極端立場，不走歪門邪道的重要。

（五）貴得時，與時偕行：凡事總要合乎時宜，量力而為，根據不同的地位、條件與情況，看準時機，該行則行，該止則止，不可怠惰，也不可妄動、躁進。

如：《乾．初九》云：「潛龍。勿用。」《需．初九》云：「需于郊，利用恆。无咎。」（譯：守候在郊野，利於有恆心。沒有禍患。）需，就是守候。那是由於時機尚未成熟，條件還不具備，故需要忍耐、等待。而《大有．上九》云：「自天祐之。吉，无不利。」（譯：上天保祐他。吉祥，無所不利。）則是因為條件醞釀成熟，行動時機已至，故可全力出擊，大展宏圖，一切如有神助，無往而不利。

這些都告訴我們凡事不可勉強而為，一切必須「應乎天而時行」，進止有度。若時機未至便不宜行動，而不要違背客觀條件，自以為是，執意自行其事。否則，重則頭破血流，一敗塗地；輕亦無功而返，或事倍功半，浪費許多人力資財。反之，若時至而不行，則又會錯失機會，虛擲光陰，釀成無窮的懊悔。

（六）滿招損，謙受益：《益》卦最後受損，而《謙》卦諸爻皆吉，正是明白昭示這一做人處事的道理。《益．上九》云：「莫益之，或擊之。立心勿恆，凶。」（譯：無人助益他，却有人打擊他。如立志不夠堅定，凶險。）幸運之人多順境，久而久之，志得意滿，忘乎所以，最後頭腦發熱，以為可以想做就做，定必路路暢通，能人所不能，結果終於泡沫爆破，噩夢來臨。無論歷史與現實，也無論戰場、商場、賭場、考場、情場，或者政壇、股壇、體壇、藝壇、講壇，以至社會人事許多重大紛爭與機會競逐，從來都不乏「欲益反損」、「驕兵必敗」的深刻教訓。

再來看《謙》這一卦，每一爻都是吉利的，在《易經》全部六十四卦中，僅有《謙》卦是如此。其寓意已經明白不過，毋須多言了。

（七）尚和諧，陰陽互補：《易經》裏，每當陰、陽爻相應則吉，相遇則通。比如卦爻辭中數見「得尚」（得同心之友相助）之語，皆指相關的陰、陽爻有良好的感應、互動、協同關係。

（八）行變革，順天應人：社會需要和諧，才能穩定發展，但又不能藏污納垢、姑息養奸，故問題累積到一定時候，就要着手解決深層次矛盾，除舊佈新，革故鼎新，令發展進一臺階，開創新的局面。《革》卦《彖》辭：「天地革而四時成。湯武革命，順乎天而應乎人。」正是用自然界的四季更替，說明人類社會也應適時變革的道理。

（九）主張德治、仁政，反對霸道、苛政。這在《臨》卦中有最清晰的反映。該卦言統治術，除「甘（拑）臨」（以拑制的高壓手段統治民眾）為「无所利」之外，其他「咸（感）臨」（以感化方法治民）、「咸（諴）臨」（以溫和手段治民）、「知臨」（以明智之道治民）等等都是「吉」或「无咎」，可見《易經》作者的政治取向。

（十）中心誠信，無往不利。（見下文說解。）

五、說「孚」——華夏德性之光

提到德治、仁政，便不能不談及全書多次出現的「有孚」的「孚」字。

中華民族是講誠信、重道德的民族，這一傳統可上溯至周初，根深柢固，源遠流長。《周易》經文中的「孚」字，便集中體現了周人「重德」的思想，是中華道德傳統的一個重要源頭，閃耀着千古不滅的華夏德性之光。

《易經》的「孚」（fú 俘）字，傳統上皆釋為「信」（見《易傳・雜卦》、《爾雅・釋詁》、《說文》及《周易集解》、《周易正義》等），主要指人的誠信。但近世以來，隨着「疑古」之風的盛行，各種新見異說便紛起蜂出，引起釋讀之疑惑，對人們正確理解《易經》，深入闡發其精義妙理，造成一定的干擾、影響。

這諸多新見中，或把「孚」字釋為俘獲的「俘」，或釋為懲罰的「罰」；有人又解釋為「卦兆」、「徵兆」或占筮的「徵驗」之類，遂逐漸向殷商甲骨卜辭靠攏；到近年，便更多地集中指向於釋為「保」、「抱」、「覆」、「輔」等意思，指上天、神靈對人的輔助、庇祐，直接與甲骨卜辭中大量出現的「有又（祐）」、「有保」等用語等同起來。這些意見，多從文字學角度着眼，較少顧及《易經》作為西周朝廷筮書，必然充分反映官方統治思想此一特點，所以雖然在字形、音理上有一定依據，有其參考價值，但實際上，因未能結合周朝社會狀況以及文本整體內容去考察，所以得出來的結論，往往顧此而失彼，偏離當時社會主流思想意識形態，在西周歷史大環境中，總顯得扞格難通。

因此，必須撥亂反正，還「孚」字本來面目，以揭示中華民族淵源久遠的重德傳統，彰顯華夏德性之光。

（二）「孚」字當釋為「信（誠信）」

王國維說：「中國政治與文化之變革，莫劇於殷周之際。……殷周之興亡，乃有德與無德之興亡，故克殷之後，尤兢兢以德治為務。」並博採甲骨卜辭與六經文獻等上古資料，從多方面詳加分析，且特別指出：「故知周之制度典禮，實皆為道德而設。」（見王國維《殷周制度論》。）其說頗有道理。因為商人在東，周人居西，雖長期有宗主、附庸關係，但本屬發展狀況不同的部族，所以商、周易代不純是一般改朝換代的政權更迭，而更多地是「舊制度廢而新制度興，舊文化廢而新文化興」（《殷周制度論》）的一場牽連甚廣的革命，人們的思想觀念和社會制度都發生了巨大變化。

商人篤信鬼神，並視皇天上帝為自己的宗族神靈，故一意仰仗上帝的護蔭庇祐，[1] 甲骨卜辭中祈盼「受又（祐）」、「受有又（祐）」、「有保」等辭句比比皆是，人處於相對倚賴的、被動的位置。但周人不同，他們不再單純希冀上天賜福，而更多地反求諸己，強調人的品德修養，以明德立信、「敬德保民」去順天行事，自求多福，相對淡化了神權色彩，人處於較積極、主動的地位。因為從武王伐紂、「小邦周」征服「大國殷」的過程中，他們認定：天命靡常，唯德是輔；黍稷非馨，明德惟馨；只有有德之人，才會獲得上天的眷顧、垂祐，而殷商就是因為「惟不敬厥德，乃早墜厥命」（《尚書．召誥》）的。所謂「湯武革命，順天應人」，這種天命觀，是「文武受命」滅商興周合理合法性的主要精神依據，因此被作為周人的官方思想不斷宣揚，並由此對泱泱中華數千年之歷史文化造成了深刻影響。

比如《詩．大雅．蕩》便強調天命不可恃，並歷數商人種種惡德劣政，指出由於其多行不義，弄至天怒人怨，終至自取滅亡。末段振聾發聵，擲地有聲，至今仍不減其智慧光彩：

1 「商人的帝，既有圖騰生祖的性格，其與商人的關係是特定的，專有的，而不能是普遍超然的。商人的神對商人有必須眷顧的理由，不必有道德的標準為給予祐護的要求。簡單的說，商人的神是族群專有的守護者，而不是對所有族群一視同仁的超氏族神。」許倬雲著《西周史》（北京：三聯書店，1994 年）第三章第四節引李宗侗、徐旭生說，100 頁。

「文王曰咨，咨女殷商！人亦有言：顛沛之揭，枝葉未有害，本實先撥。殷鑒不遠，在夏后之世！」（譯文：「文王說，嘿嘿你們殷商！古人有句話：『樹木倒下連根拔，並非枝葉有毛病，而是根本先朽壞。』你們殷人的前車之鑒並不遠，就在夏桀那時代！」）[2]

「大樹傾倒，非緣枝葉之故，而是由於根本朽壞。」這個「根本」，便是詩中反覆強調的「德」。而殷商之失國，正在於其由上而下，由君主至整個統治集團的缺德、失德、敗德！（在《尚書》、《詩經》、《左傳》等典籍中尚有不少類似的言論可供參證。）而「德」之中，是否具有誠信（因而值得信賴，獲得擁戴）是一項十分重要的標準——對社會上層人士而言尤其如此。這些，對後來形成的儒家學派影響至巨，故「吾從周」的孔子才會提出「民無信不立」（《論語．顏淵》）的著名教誡。《大學》亦云：「大學之道，在明明德，在親民，在止於至善。」「與國人交止於信。……道得眾則得國，失眾則失國，是故君子先慎乎德。有德此有人，有人此有土，有土此有財，有財此有用。德者，本也。」

凡此種種，都可見周人對「德」、對誠信是何等重視。《周易》既是西周朝廷的筮書，所以必然充分滲透這套官方的指導思想。明乎此，便可知道，對《周易》中頻繁出現的「孚」字，

---

2 詳見周錫䪖譯注《詩經選》（香港：三聯書店，1980年，1990年四版次），290—294頁。

必須回歸傳統智慧，解讀為強調修德立誠的「信」，才切近周人的思想特點，才合符《周易》本經的原意。否則，便和殷商卜辭一味仰賴上帝保祐的模式差別不大了。

（二）「孚」字何以可解釋為「信（誠信）」？

但「孚」字怎會解釋為「信（誠信）」？原來「孚」可讀為「符」（兩字聲同、韻近可通）[3]，意謂符合、相應。而符合相應，在《易經》裏，又多指精神、心志上之契合感通，故引申為「信（誠信）」。對上天、神靈而言，是一心一意地虔誠信奉；就人際之間來說，便是同心同德，忠誠守信（自然也意味着互相信任）。

總括而言，全《易經》「孚」字共出現四十二次（連卦名《中孚》），除三次（《大壯・初九》、《夬》、《姤・初六》）外，皆釋為符、信（作名詞，指誠信；作動詞，指信賴）或其引申義（如聲譽、威望等）。至於另三例的「孚」字則有不同含義，它們不作「信」解，而以音同音近關係，分別讀為「復」（返回）、「俘」（俘虜）與「浮」（躁動不安）。詳情請參閱本書「《易經》六十四卦」之相關注析。

3 見《爾雅・釋詁上》「孚，信也」郝懿行《義疏》。又《史記・律書》「符甲」司馬貞《索隱》：「符甲猶孚甲也。」朱駿聲《說文通訓定聲・需部》云：「符假借為孚。」

（三）明德立信，垂範天下

「誠信」是中華民族傳統美德之一（忠、孝和信相依相倚，「忠」、「孝」是對特定範疇、對象更專一、強烈、堅執的「信」），泱泱華夏數千年於今不墜，部分也有賴於這一精神支柱。正如溫家寶總理所言：「一個國家，如果沒有國民素質的提高和道德的力量，絕不可能成為一個真正強大的國家，一個受人尊敬的國家」，因此必須「在全社會大力加強道德文化建設，形成講誠信、講責任、講良心的強大輿論氛圍，……剷除滋生唯利是圖、坑蒙拐騙、貪贓枉法等醜惡和腐敗行為的土壤」（2011 年 4 月 14 日的談話）。我們也看到，在 2012 年香港「特首」選舉相當激烈的競逐過程中，社會各界對有關候選人的品格、誠信都十分關注，並有甚高的要求，由此也可見人心趨向之一斑。

在今天這個金權至上、邪惡公行、人慾橫流、「道德滑坡」的地球上，炎黃子孫真該認真想一想，對中華民族傳統美德這份寶貴的非物質文化遺產，究竟應如何好好珍惜、繼承並大加發揚。只有在經濟飛躍發展、國力迅速提升的同時，用捨我其誰的擔當精神，為世界作表率，樹立指向未來、令人敬佩的道德文明榜樣，那時候，才能真正奏響「大國崛起」的宏偉樂章。

六、《易經》的作者與著作年代

《周易》是周朝的筮書，但西、東周合共長達八百年（約公元前1122或前1046—前771年；前770—前256年），到底《周易》寫成於甚麼時候？又是何人所著？要全面、正確地理解《易經》，這也是個必須先弄清楚的重要問題。

關於《易經》的作者與著作年代，傳統說法是：八卦、六十四卦卦形符號是由傳說時代的伏羲（即包犧）氏所作，而卦爻辭則成於周文王之手（也有人說文王作卦辭，周公作爻辭）。關於這問題，近世以來歧見紛出，爭論甚烈。大致上分為三大派：一派認為《易經》成書於商末周初（這派接近傳統觀點，在人數上至今仍佔絕對優勢）；一派認為成於西周後期；還有一派則主張成於春秋戰國。學者對此各持一說，互不相下。

但其實，我們只要不盲目地信古或疑古，又盡可能詳細佔有資料，把各方理據充分梳理，做客觀深入的比較研究，要得出正確的、合符歷史真相的結論，也並非太難的事。

（一）《周易》的成書與流播

我意認為，周初原有一本《周易》，乃參照夏之《連山》、商之《歸藏》等同類典籍編纂而成，故卦名、用語、述事或有部分相似之處。[4] 到了西周後期，由於時代以及語言的發展，原本《周易》顯得詰屈聱牙、艱澀難讀（就如《尚書》中周武王、成王時代的篇章那樣），不便於實占的應用，於是有關人士（大約是主管卜筮之官）便在古本《周易》的基礎上增損改寫，注入新的資料、觀念和哲理，用當時新興且十分流行的藝術體式——韻文，撰成今傳本《周易》（《易經》），其卦爻辭稱為「繇辭」，也就是歌謠體筮辭之意。由此可見，《周易》從草創到寫定，原是一本藏於周室、主要用來占筮的官方重要著述。

到西周滅亡，王室播遷，政教禮樂流散於諸侯國，於是才見有《左傳·莊公二十二年（公元前672年）》所載「周史有以《周易》見陳侯者」那樣的情景出現。隨後，此書的影響不斷擴大，從上層階級推向中下層，結合民間原有的一些占筮活動，社會上便逐漸出現一體多元或稱同源異流的多種筮書與筮術（如上述包山楚簡卜筮簡、馬王堆漢帛書《周易》、阜陽漢簡《周易》以及汲塚竹書《易繇陰陽卦》之類），而正宗定本《易經》的原貌則幸賴戰國楚竹書《周易》基本得以保存。同類的傳本當時曾引起孔子極大的興趣，成為他晚年學習、鑽研的重要對象，於是產生了夫子「五十以學《易》」、「韋編三絕」種種美談，並由此開創出不重占筮，而「以德義為先」、研求哲理為主的儒家一派易學。成於春秋末至戰國的《易傳》便是這派學說的菁華所萃。

4 見宋人李過《西溪易說·原序》。文淵閣《四庫全書》本，6—7頁。

（二）《周易》的作者

除少數文字出入外，楚竹書本《周易》和今傳本並無二致，可證今本《易經》乃得古定本的真傳。它的形制或帶有夏、商時代同類著作的影跡，但主要內容（包括卦名義、卦序安排與卦爻辭等）則肯定始創於西周初（公元前十一世紀中），而著成於西周後期（以厲王末年的「共和」時期可能性最大，即公元前九世紀中葉左右）。其始創者為誰暫時無法考究，但最後編定者應是周王朝主管卜筮的官員。不過，有一點可以肯定：無論原創或最後編定之人，都必然是「國師」級的大智慧者。

如要作大膽的推斷，我認為，按身份地位、學養、才情、器識、胸襟品格及所處時代作綜合考慮，能符合此條件，擔當起著成（或主持編定）《周易》之大任者，非「共和」時期（前841—前828年）最高執政官之一的召穆公（姬）虎莫屬。他是三朝元老，曾切諫「厲王弭謗」於前（「防民之口，甚於防川」便是其名言），復佐「宣王中興」於後；在國人暴動，「厲王奔彘（今山西霍縣）」期間，他甘以親子為代，保存了太子靜（後即位為周宣王）的性命，才開創出周朝一度「中興」的局面。他品格超群，才華卓越，關切民瘼，目光遠大，是一位傑出的政治家、思想家、軍事家（曾率軍平定淮夷，見《詩經．大雅．江漢》）、哲學家，同時又是有作品傳世的詩人（《大雅．民勞》便是召公虎的名篇，「民亦勞止，汔可小康」便是其開篇的名句）。他言行、著作的思想傾向，與《周易》的內涵息息相通，而在「共和」時代，身為國家最高領導人之一，他有很大的創作自由度。因此，我認為，只有召穆公虎，才是最具資格、條件，成為最後著成（或主持編定）以韻文寫就、具備百科全書體制、且充滿崇高治國理念的《周易》之人。

（三）關於《周易》成書年代的證據

我推定《周易》著成於西周後期「共和」時代是有充分根據的：

第一，從內容看。《易經》提及的都是東周以前的事，而沒有東周或東周以後的事；其中較多的是周初、早周甚至殷商的人、物、故事。例如高宗伐鬼方（《既濟·九三》）、季歷伐鬼方（《未濟·九四》）、帝乙歸妹（《泰·六五》、《歸妹·六五》）、箕子之明夷（《明夷·六五》）、為依（殷）遷國（《益·六四》）、康侯用錫馬蕃庶（《晉》），以及可能是王亥喪牛羊于易（《大壯·六五》、《旅·上九》）；另外，還有「利西南」（《蹇》、《解》、《坤》）之語、「大國」殷之稱（《未濟·九四》）等等。但是，《易經》裏也同樣載有並非周初，而是西周中、後期的重要史實及其他資料。較明顯的例如：

1.《升》卦的「南征」，以及《明夷》卦的「明夷，（夷）于南狩。得其大首」（《明夷·九三》）、「（明夷，夷）于左腹；獲明夷之心，于出門庭」（《明夷·六四》）等卦爻辭實暗藏着有關昭、穆王「南征」的史事。

據古史與金文記載，西周昭王、穆王、夷王、厲王、宣王時都曾大舉「南征」（「南狩」也是南征）。而昭王更「南征而不復」，喪身於漢水之濱；由於死因撲朔迷離，長期成為疑案，以致春秋五霸之首齊桓公可以振振有辭地用來作為征伐楚國的藉口：『昭王南征而不復，寡人是問！』但當地人是知道真相的，所以楚使也能理直氣壯、不卑不亢地回答：「昭王之不復，君其問諸水濱。」（見《左傳．僖公四年》。）那麼，事件的真相到底如何？綜合現存各項資料，經去偽存真的分析，我們可以給出合理的答案：

原來當年昭王率大軍南征荊楚，在北返渡過漢水時，突逢災變（似為強烈地震或特大颶風），天昏地暗，野兔奔竄，雉雞驚飛狂鳴，浮橋坍塌，六師盡喪，昭王亦不幸掉落江中，為鱷魚所噬，一命嗚呼。為保面子，朝廷沒有把真實情況赴告天下，以致出現「遇大兕」、「逢白雉」乃至類似傳奇小說情節的因「膠舟」水解而溺斃等種種不同傳聞。（《史記．周本紀》載：「昭王南巡狩不返，卒於江上。其卒不赴告，諱之也。」《古本竹書紀年》：「周昭王十六年，伐楚荊，涉漢，遇大兕。」「周昭王十九年，天大曀，雉兔皆震，喪六師於漢。」「周昭王末年，夜有五色光貫紫微，其年，王南巡不返。」按，此似為「地光」之類的大地震或其他重大災變前兆。又《呂氏春秋．音初》：「周昭王親將征荊，辛余靡長且多力，為王右。還反涉漢，梁敗，王及祭公抎於漢中，辛余靡振王北濟，又反振祭公。」抎，通「隕」，墜落。屈原《天問》：「昭后成遊，南土爰底，厥利維何？逢彼白雉。」昭后，即周昭王。聞一多認為雉乃「兕」之誤，見《楚辭校補》。）

因此後來穆王南伐，途經江漢時，便通過大規模的狩獵行動為「父王」洩憤報復——捕殺一批鱷魚，令其陳屍江面（《古本竹書紀年》：「周穆王七年，大起師，東至於九江，架黿鼉以為梁。」鼉，即揚子鱷。其實是殺鱷浮屍，被訛傳為「駕黿鼉為梁」。梁，橋）；又弋射鳴雉，挖心以祭（古人迷信「鳥占」，認定當日的雉雞飛鳴帶來不祥之兆，遂遷怒於鳴雉）。這便是《明夷》卦所曲折反映的一段西周中期的重大史實。（按，「明夷」，即鳴雉，高亨先生已有此見；「大首」，指活躍於江漢流域的揚子鱷，頭特大而身小，故稱。其用代稱而不用本名，那顯然是為昭、穆王諱、為周室諱，故特意含混其辭，隱約其事。）而《升》卦則記述了周王一次登祭岐山，為南征虔誠祈求福祐之事，整個過程夜以繼日，隆重之至，若非準備親征，斷然不會如此。

2.《比䷇》卦：「不寧方來，後夫凶。」（譯：不馴服的方國來朝，遲到的凶險。）所指實為周夷王「三年，王致諸侯，烹齊哀公于鼎」（《古本竹書紀年》）那驚心動魄的血腥一幕。這裏再度隱約其辭，無非也是所謂「為尊者諱，為親者諱」而已（齊為太公望之後，與周王室歷代通婚）。

3.《乾・用九》「見群龍，无首，吉」的爻辭也很值得留意，它極可能與西周後期「共和」時代的政治形勢有關。當日因厲王無道，被國人起義推翻，流亡彘地，朝中無主，遂由眾諸侯推舉周公、召公與共伯（名和）執掌朝政，而以年高德劭的共伯為首，史稱「共和行政」。直到厲王去世，周、召二公擁立太子靜即位為宣王（前827年），共伯和歸國，才結束了那一歷史階段。《乾·用九》稱「群龍无首」為「吉」兆，正反映了「共和」時期的特殊政治色彩。

4.《比》、《否》、《臨》、《觀》、《井》、《革》諸卦表達了統治者治國安民的理念和施政大計，主要是：行仁政，反苛政；用賢良，除奸佞；去舊圖新，及時變革；集思廣益，視民進退，即深入了解國情、民意，據之制定相應政策。……這些，便是「共和」時期之秉國者在汲取時局與歷史經驗的重大教訓之後，痛定思痛，試圖與民更始，刷新敝政，以延續並鞏固西周王朝統治的新思維、新路向、新方略（至於能實行多少是另一回事）。

以上是《易經》成書於西周後期「共和」時代的有關內容方面的有力證據。

第二，從語言形式看，《易經》既含有西周早期的特點，也頗多西周中、晚期的語言特點。[5] 後者如：

1. 連詞「而」的出現。甲骨文無此虛詞，西周早期金文亦未見，要到西周後期才面世，但尚較罕用，至春秋時始流行。《易經》共有五例：「不克訟，歸而逋」（《訟·九二》）；「同人先

5 詳見拙文《〈易經〉的語言形式與著作年代》，原載《中國社會科學》（中國社會科學院編），2003年第四期，收入拙著《易經詳解與應用》（香港：香港三聯書店，2005年初版，2007年修訂三刷），這裏僅略述其要。

號咷而後笑」（《同人・九五》）；「盥而不薦」（《觀》）；「舍車而徒」（《賁・初九》）；「不鼓缶而歌」（《離・九三》）。

2. 詞尾「如」、「若」、「然」的使用。《易經》共有二十一例，如「乘馬班如」（《屯・六二》），「出涕沱若」（《離・六五》），「履錯然」（《離・初九》）等等。

3. 以「享」代「祭」。由商代到西周初，祭祀一般稱「祭」不稱「享」，到西周中葉後才多用「享」字。《易經》有「利用享祀」（《困・九二》）等六例，而「祭」僅一見。

4. 以「其」代「厥」。由商代到西周初，第三人稱（含遠指）代詞均用「厥」，不用「其」，至西周中晚期才漸用「其」字。而《易經》之第三人稱代詞幾全用「其」（共一百例），用「厥」僅得一例。

5. 疊詞、疊音詞與雙聲疊韻詞數量甚多。疊詞、疊音詞共二十二例，如「謙謙」、「翩翩」等等。雙聲疊韻詞共二十九例，如「屯邅」（雙聲）、「盤桓」（疊韻）、「齎咨」（雙聲兼疊韻）等等。

6. 齊言（以二、三、四言為多）、排比、對偶句的大量出現與頻密應用。如《蒙》卦之「發蒙」、「包蒙」、「困蒙」、「童蒙」、「擊蒙」；《剝・上九》之「君子得輿，小人剝廬」，等等。

以上這些都是不早於西周中、後期的語言現象。

第三，也是最能突顯《易經》語體之時代特徵的，就是普遍用韻的藝術形式。中國的詩文本非一向有韻，「押韻」這種同中見異、具迴環複疊之美的藝術形式實萌芽於商、周之際（公元前十一世紀），而成熟於西周中、晚期（公元前十至八世紀），它與同採聲、韻複疊形式的疊音詞以及雙聲疊韻詞的產生、發展基本上是同步的；而這些發展和西周禮樂文化的發展又有着異常密切的關係。散文用韻是受詩歌影響，所以出現自較詩歌為遲。據現有資料，商、周甲骨文，西周初期金文以及《尚書》等文獻中屬於周武王、成王時代的作品，都還沒有韻語。西周中期略有一些，但形式不太工整。直到西周晚期金文如厲王《㝬鐘》、宣王時《虢季子白盤》和《尚書》後期作品（如《洪範》等）才多見較純熟的韻語。總之，散文的韻律化、詩化，在西周中期始初見端倪；至西周末有相當發展，但尚欠成熟；而到了春秋戰國方盛極一時。

《易經》正是西周後期對散文作全盤「韻化」的一個嘗試。全書卦爻辭普遍協韵，有些更如詩句，但由於筮辭格式、術語的限制，加以散文用韻的創作經驗尚淺，故形成韻語、散句、謠諺參錯並用的一種「雜拌」體式，句子每每長短不一，押韻的技巧顯得較為粗糙（多異調相協，韻位也不太規則），遠不如後來的《老子》、《易傳》或《詩經・國風》般流暢整飭，鏗鏘可誦，整體來說，尚處敘事、說理散文韻律化的初級階段。若依「韻文成熟度」衡量，應與西周後期厲王《㝬鐘》銘文的發展水平大致相當。

綜合《易經》全書內容、語言藝術形式特點以及作者所需的條件及其情況一併考察，結論是：今傳本《易經》應草創於西周初（公元前十一世紀中），而著成於西周後期的「共和」時代，即公元前841－前828年。最有可能的作者（或主持編定者）是當時最高行政長官之一、作為周初與周公旦一同輔政的召康公奭後裔的召穆公虎。

七、卦爻辭的斷句與釋讀

解決了《易經》的作年之後，要真正讀懂《易經》，還須解決卦爻辭應如何斷句、標點，以及怎樣理解、釋讀的問題。今天常見《周易》本子的斷句多由古本（主要是《十三經注疏》、《周易集解》、朱熹《周易本義》等等）沿襲而來，大同小異，其合理之處固所在多有，但存在問題也並不少，常見者是該斷不斷，而不該斷卻誤點誤斷的情況，由此而引發誤解、誤譯的連鎖反應，對廣大讀者便形成誤導，影響非淺。

有鑒於此，本人嘗試運用音韵、語法、義理、象數、考證、占筮多元結合的方式，並利用近年出土的簡帛材料，對《周易》卦爻辭重新進行標點、釋義工作，以糾正前人斷句、解讀之訛誤，希望藉此為《易經》的深入探索與現代應用提供較良好前提。在《周易》研究史上，這樣做也許還是首次。

以下是在卦爻辭斷句與釋讀問題上須重點留意的幾個方面：

（一）必須依韻斷句、標點[6]

由於《易經》是韻文，所以給卦爻辭斷句，首先必須注意韻位，依韻點斷（就像對其他詩歌、韻文一樣），而不能囿於傳統習慣（大量古人傳本都是如此斷句），用「散文句法」（即一般人熟悉的常規句法）觀念作句讀之指南，按個人對文義的理解去隨意點斷。坊間眾多《周易》讀物（包括古本與今本）就是由於忽略了這一重要問題而造成不少差誤。例如：

《蒙》卦六三爻辭：「勿用取女。見金，夫、不有躬。无攸利。」（譯：不要娶女子。見到財禮，丈夫會喪命。無所利。）（注：取，通「娶」。金，錢財，指代女方陪嫁的財禮。躬，身體。）

按，女和夫（均古韻魚部）協韻，金和躬（均古韻侵部）協韻，所以這樣標點。但諸本幾乎都斷作「見金夫，不有躬」（如《周易正義》、《周易集解》、《周易本義》、《周易尚氏學》、《周易通義》、《周易譯注》、《白話易經》等等），而把「金夫」釋為「武夫」，或「有錢的男子」，

6 詳細請參看拙文《論〈易經〉標點的原則與方法》，原載《周易研究》，2009年第六期，這裏只是略述其要。

那顯然欠妥。因為：從形式看，那樣「躬」字便失韻；從內容看，原文「勿用取女」是先下判斷（作出結論），「見金，夫、不有躬」是說明理由，前後意義連貫（意謂，因該女「克夫」，故不可娶）；現在卻變成「勿用取女」是就男方說，而「見金夫，不有躬」是就女方說，前後不一，表意混淆。可知那樣斷句是錯誤的。唯獨高亨先生《周易大傳今注》點為：「勿用取女，見金，夫不有躬，无攸利。」比較可取，但未把「夫」字點斷，顯出韻位，仍是缺失。

（二）必須弄清句法特點，辨明句子的結構關係

與上一點相關，由於《易經》是韻文，所以常用詩歌句法，但詩歌句法與一般散文句法是有不同的（比如，詩句的詞序、語序可因應押韻或表達效果的特殊需要而隨意顛倒），[7]因此要正確理解文意，還須留意句法問題。例如：

1. 主謂倒裝——

《乾》卦爻辭之「潛龍」、「見龍（在田）」、「飛龍（在天）」、「亢龍」、「見群龍」等，其

7 詳見拙著《中文寫作新視野——從實用寫作到文學創作》（香港三聯書店，2007年），第三章「『詩歌句法』與文學創作」，45–65頁。

實都是主謂倒裝句（為協韻而倒：龍、用協韻，又與其他各爻龍字協韻），應譯作：龍潛伏着；龍出現（在田野）；龍飛（到天上）；龍高飛遠舉；群龍一起出現；等等。但人們未明此理，所以各譯本多把「潛龍」譯為「潛伏的龍」；把「亢龍」譯為「亢進的龍」或「處在極高處的龍」；把「見群龍」譯為「看見許多龍」或「發現群龍」，等等。

2. 賓語直接前置——

在漢語中，「動詞＋賓語」是常見的句法形式，但在古代漢語中，賓語前置的情況也相當普遍，不過，那一般是有條件的，比如否定句中的代詞賓語或疑問句中的疑問代詞賓語便多前置，例如：「我無爾詐，爾無我虞。」（《左傳・宣公十五年》）「吾誰欺？欺天乎？」（《論語・子罕》）等等。如果是普通賓語前置，會加上助詞維（唯）以及由指代詞虛化而來的「之」、「是」等詞作形式標誌，例如：「豈无他人，維子之好。」（《詩・唐風・羔裘》）「將虢是滅，何愛於虞！」（《左傳・僖公五年》）等等。而《易經》的賓語同樣有上述情況，例如：

《坤》：「元亨，利牝馬之貞。」

利於占問雌馬的事。「牝馬」為賓語，用「之」作前置標誌。

但《易經》的普通賓語還有另一種情形，就是無條件直接前置者頗多。例如：

（1）《小畜．上九》：「婦貞，厲。」

譯：「占問婦女的事，危險。」「婦」為賓語，直接置於動詞謂語「貞」之前。這句不能譯作「婦人占問」。而《恆．六五》：「貞婦人，吉。」便沒有前置。

（2）《觀．六二》：「利女貞。」（《家人》卦辭同。）

譯：「利於占問女子的事。」「女」為動詞詞組「女貞」中的前置賓語。這句不能譯作「利於女子占問」。

（3）《明夷．九三》：「不可疾貞。」

譯：「不可占問疾病。」即占問疾病則不吉。「疾」為前置賓語。而《豫．六五》：「貞疾，恆不死。」便沒有前置。

《易經》中類似的例子甚多，如「幽人貞」、「利艱貞」、「安貞」、「居貞」、「永貞」、「旅貞」等等，都應作「賓語直接前置」的句子釋讀。

3. 定語後置——

定語，是放在名詞前面的修飾成分，所以「定語＋中心詞」是古今漢語的共同格式。但《易經》有的句子，定語卻跑到中心詞的後面。如：

(1)《損·上九》:「弗損益之，无咎。貞，吉；利有攸往。得臣、无家。」「得臣、无家」，即「得無家之臣」。定語後置。「臣」，奴僕的通稱。「家」，指家室。臣字入韻，故點斷。

(2)《旅·六二》:「旅即次，懷其資，得童僕貞。」「得童僕貞」，即「獲得忠心的奴僕」。「童」，奴（《說文》）。「貞」，正（見《易·師·象》），此指忠誠；作定語，修飾「童僕」。

以下兩例究應如何解讀，難倒了不少《易》學專家。但其實也是定語後置句，並無太大的特殊之處。

（3）《旅・九三》：「旅焚其次，喪其童僕〔貞〕。貞，厲。」

前一貞字據楚簡《易》補，釋「正」。「喪其童僕貞」，即「失去他忠心的奴僕」，也是定語後置。後一貞字仍作「占問」解。

《詩經》也有這種句法，如：

天命玄鳥，降而生商，宅殷土芒芒。（《商頌・玄鳥》）

「芒芒」，廣大貌。為與「商」協韻而後置。《左傳・襄公四年》：「芒芒禹跡，畫為九州。」便沒有倒置。

4. 另外，有時某些句子的結構形同而實異，也必須分辨清楚，否則容易弄錯文意，導至誤解、誤譯。例如：

《大畜》之六四、六五、上九爻，分別是「童牛之牿」，「豶豕之牙」與「何天之衢」，句法形式表面一致（形成排偶關係），但實際結構卻各不相同：前者是賓語前置句，意為「牿童牛」，即「給童牛加牿」；「之」由指代詞虛化而來，作賓語（童牛）前置的形式標誌。中間的是主謂句，猶言「豶豕牙兮」，謂小豬長出了牙齒；「之」是語助詞，起加強語氣作用。後者是正常的動賓句，意為「蒙受上天之洪福」；「之」是結構助詞，作定語（天）的標誌。詳細請參看本書「《易經》六十四卦」的相關注析。

在研讀《易經》過程中，如果能注意做到以上各點，對我們正確地給原文斷句、標點，把握文本的真義，更好地參透易道、易理，相信必大有幫助。

八、《易經》的用韻

《易經》韻位甚密，韻式多樣。筆者撰成之《易經韻讀》，與以往諸家均有不同，唯限於篇幅，未能納入本書，尚祈讀者見諒。但是，凡涉及斷句問題者，必以按語形式在注中扼要指出，以明依據。

為方便討論，本書之上古音分部，以王力先生《詩經韻讀》所擬，並為徐中舒先生主編《漢語大字典》及唐作藩先生《上古音手冊》基本採用之古韻十一類三十部為據。表列如下。

	陰聲	入聲	陽聲
（一）	1 之部 ə	2 職部 ək	3 蒸部 əng
（二）	4 幽部 u	5 覺部 uk	6 冬部 ung
（三）	7 宵部 ô	8 藥部 ôk	
（四）	9 侯部 o	10 屋部 ok	11 東部 ong
（五）	12 魚部 a	13 鐸部 ak	14 陽部 ang
（六）	15 支部 e	16 錫部 ek	17 耕部 eng
（七）	18 脂部 ei	19 質部 et	20 真部 en
（八）	21 微部 əi	22 物部 ət	23 文部 ən
（九）	24 歌部 ai	25 月部 at	26 元部 an
（十）		27 緝部 əp	28 侵部 əm
（十一）		29 盍部 ap	30 談部 am

需要說明的是，有關擬音只是一家之言，誠如王力先生所說，古音擬測不可能完全反映上

古的實際語音，但如果是合理的擬測，有可能反映上古的語音系統。[8]倘能如此，也已經不錯了。《易經》協韻包括三種情形：一、同部相協。二、同類相協（陰、陽、入對轉），可稱通韻。三、異類相協（主要元音相同，如陽 ang 與元 an；或韻尾相同，如東 ong 與陽 ang；或元音相近，如之 ə 與幽 u 等），可稱合韻。由於上古用韻偏向於比較寬鬆、隨意，所以《易經》中「合韻」的情況相當常見，與後世成熟的韻文（如唐詩宋詞等）有所不同。

九、卦爻知識

本書使用了詮釋《易經》的一些傳統術語，為便讀者，簡要說明如下：

（一）關於卦

1. 經卦與別卦：三畫之卦稱為經卦（又名單卦），共八個，即乾☰、坤☷、震☳、巽☴、

8 王力《詩經韻讀》（上海：上海古籍出版社，一九八〇年），四十頁。

坎☵、離☲、艮☶、兑☱。六畫之卦稱為別卦（又名重卦、複卦），由八經卦兩兩重疊而成，共六十四個，本書特加書名號以作識別，如《乾䷀》、《坤䷁》、《屯䷂》、《蒙䷃》、《需䷄》，等等。

2. 陽卦與陰卦：奇數為陽，故爻畫為奇數之經卦稱陽卦，即乾、震、坎、艮四卦；其主爻為陽爻，其性剛。偶數為陰，故爻畫為偶數之經卦稱陰卦，共坤、巽、離、兑四卦；其主爻為陰爻，其性柔。

3. 內、外卦與下、上卦：每別卦中，在下之經卦稱內卦或下卦，在上之經卦稱外卦或上卦。先秦時代，內卦稱為貞，外卦稱為悔。

4. 反卦（古稱「錯卦」、「旁通」）：一別卦變為陰陽爻與之完全相反的另一卦。如《乾䷀》與《坤䷁》，《頤䷚》與《大過䷛》，《坎䷜》與《離䷝》，《中孚䷼》與《小過䷽》，便是反卦關係。

5. 倒卦（古稱「綜卦」、「覆卦」）：一別卦卦體迴轉180度，六爻完全顛倒而成另一卦，稱「倒卦」。如《屯䷂》之倒卦為《蒙䷃》，《需䷄》之倒卦為《訟䷅》，《剝䷖》之倒卦為《復䷗》，等等（既反且倒者亦歸入「倒卦」範疇，如《泰䷊》與《否䷋》之類）。倒卦形成「反對之象」。在《易經》全部六十四卦中，除前述《乾》與《坤》等四對是以反卦關係相連外，其餘二十八對（五十六卦）皆以倒卦關係對對相連。此即孔穎達《周易正義》所說：「二二相耦，非覆即變。」覆，指倒卦；變，指反卦。

6. 本卦與之卦：在占筮活動中，如果出現變爻，一卦便會變為另一卦。原來的卦體稱「本卦」，因爻變而形成的另一卦稱「之卦」（又稱「變卦」）。之，是去、往之意，這裏指卦爻的變化。如說「《小畜䷈》之《巽䷸》」，意思是《小畜》卦初爻變（由陽變陰），成《巽》卦。《小畜》是「本卦」，《巽》就是「之卦」。

7. 體：指卦體。如說「三居震體」或「三體震」，即指第三爻在震卦卦體（也就是震卦）中。

8. 互：指互卦，又稱互體。即每別卦中，由內、外卦之爻交互組成的新卦體。如二、三、四爻可組成一卦，三、四、五爻又可成一卦。此為先秦古法，故本書亦沿用。如析《屯・初九》云：「四體艮（三至五爻互艮）」，即指《屯》卦之三、四、五爻組成艮卦，而第四爻即在此卦體中。

9. 卦象：指八經卦與六十四別卦所代表的事物、性狀，以及由卦與卦的關係而衍生的意象。別卦由經卦重疊構成，故六十四卦卦象亦由八卦卦象構成。八卦與六十四卦所代表的事物、性狀，集中見於先秦《易傳》（尤其是《說卦》傳），故本書取象，即以《說卦》及其合理之引申為主，部分則根據其他《易傳》或卦形而來，亦有採自《左傳》、《國語》者。其餘漢人繁瑣蕪累之說，如伏象（覆象）、半象或強以爻變、卦變成象等等，一概「潛龍勿用」。

10. 十二消息卦：古人以《復䷗》、《臨䷒》、《泰䷊》、《大壯䷡》、《夬䷪》、《乾䷀》，《姤䷫》、《遯䷠》、《否䷋》、《觀䷓》、《剝䷖》、《坤䷁》等十二卦代表一年十二個月，此十二卦剛柔二爻的變化，體現陰陽二氣消長的過程：息為生長，消為耗散，故稱消息卦。前六卦為陽息陰消，表示陽氣從下往上逐漸增長，稱息卦；後六卦為陰息陽消，表示陰氣從下往上逐漸增長，稱消卦。

（二）關於爻

1. 爻名、爻位、爻性：每卦初九、初六、九二、六二……上九、上六等等稱為爻名，或爻題。其中初、二、三、四、五、上標明六爻自下而上之位次，稱爻位。九、六標示爻性：九為老陽之數，代表陽爻，其性剛；六為老陰之數，代表陰爻，其性柔。

2. 陽位、陰位：初、三、五爻之位為陽位；二、四、上爻之位為陰位。

得位、失位：凡陽爻居陽位，或陰爻居陰位，稱得位，又稱當位、位當、位正、位正當、得正、得正位。凡陽爻居陰位，或陰爻居陽位，稱失位，又稱不當位、位不當、位不正、非其位、不正、失正、失其正。得位者有利，表示人之才能品德與其職務、地位、行事相稱；失位則反是。

3. 天位、地位、人位：《易傳》認為，六爻分為「天、地、人」「三才」，初、二爻象地，三、四爻象人，五、上爻象天。二爻屬陰位，故為「地位」；三爻屬陽位，故為「人位」，五爻屬陽位，故為「天位」。天位又是君位、尊位；地位又是臣位。

4. 上位、中位、下位：初爻為下卦下位，二爻為下卦中位，三爻為下卦上位；四爻為上卦下位，五爻為上卦中位，上爻為上卦上位。故初、四爻，二、五爻，三、上爻，稱同位。

5. 得中與不中：在中位者稱中、得中、居中或處中。若陽爻居中位，稱剛得中；陰爻居中位，稱柔得中。不居中位者，稱不中。得中有利，表示能行正中之道；不中反是。這裏反映出古人「尚中」、貴中和的思想。

6. 中正與不中不正：陰爻居下卦中位（六二），或陽爻居上卦中位（九五），為得位得中，又稱居中得正，簡稱中正。陰爻居陽位又不在中位（如六三），或陽爻居陰位又不在中位（如九四），稱不中不正，或不中正。中正者有利；不中正者一般不利。

7. 承、乘、比、應、據。

承：一爻在他爻之下（多指陰爻居陽爻下），則此爻對在上之爻稱「承」。

乘、據：一爻在他爻之上，則此爻對在下之爻稱「乘」，或稱「據」。（陰爻居陽爻上多稱乘，陽爻居陰爻上多稱據。）

比：相鄰之爻有親密的夥伴、輔助關係，稱「比」。成「比」者多為陰、陽爻，如《履・九二》，上比於六三；《大有・上九》，下比於六五；等等。

應：指爻與爻間互相呼應（感應）的密切關係。相「應」者例屬同位之爻（稱應爻，如初、四爻，二、五爻，或三、上爻），一般為一陰一陽，亦偶有例外（見《中孚・九二》）。兩爻若互應，稱為相應、得應、有應或正應（當位而應）；反之，則稱為不應、失應、無應或敵應。得應有利，失應多不利。如《小畜・九三》，失應於上六，即三、上敵應，故產生負面結果。又若敵應而強行相應，亦產生負面效果，如《井・九二》、《姤・九五》。

以柔從剛：指陰爻在陽爻下；又稱承陽。為吉利之象，例如《蒙・初六》。

以柔乘剛：指陰爻居陽爻上。所為不順，為不利之象，例如《蒙・六三》。

8. 爻象：由爻性（陰陽、剛柔）與爻數（爻的位次）所制約而體現的事物之一定的性狀、意象，以及由爻與爻、爻與卦間的關係所衍生的意象。由於爻性本身亦由成卦時蓍草的數目決定（七、九為陽爻，八、六為陰爻），所以象、數實密不可分。

9. 變爻（又稱「動爻」）與不變爻（又稱「靜爻」）：以蓍草佈卦或擲錢成卦時，若所得數為七，稱少陽，所得數為九，稱老陽；所得數為八，稱少陰，所得數為六，稱老陰。老陽、老陰都是可變爻（即動爻），少陽、少陰都是不變爻（即靜爻）。

（三）關於象數分析

根據卦象、卦位與爻象、爻數（位）而作出的推斷、分析，稱為象數分析。

十、引用書目簡稱

文中引書多用簡稱，為方便讀者覆核、查檢，茲列出相應的全稱如下：

楚簡《易》：戰國楚竹書《周易》(上海博物館藏，馬承源主編，濮茅左釋文，2004 年出版)。

漢帛《易》：湖南省長沙馬王堆漢墓帛書本《周易》(1973 年出土，馬王堆漢墓帛書整理小組釋文)。

帛《易傳》：長沙馬王堆漢墓帛書本《易傳》，包括《繫辭》、《二三子》、《易之義》、《要》、《繆和》、《昭力》等篇（陳松長、廖明春釋文）。

漢簡《易》：安徽省阜陽縣雙古堆漢墓《周易》殘簡（1977 年出土）。

漢石經：漢熹平石經《周易》殘字。

唐寫本：敦煌唐人寫本《周易》殘卷（伯 2530、2532、2619、3633，斯 6162）。

秦簡《歸藏》：湖北省江陵縣王家臺秦墓竹簡《歸藏》(1993 年出土)。

《易傳》：又稱十翼，包括《彖》(上、下)、《象》(上、下)、《文言》、《繫辭》(上、下)、《說卦》、《序卦》、《雜卦》等共七種十篇。

《釋文》：唐．陸德明《經典釋文》，內引子夏《易傳》、荀爽《九家集注》及薛虞、京房、馬融、鄭玄、荀爽、劉表、陸績、姚信、王肅、干寶、蜀才等由秦漢至唐諸家之傳、注。

《集解》：唐．李鼎祚《周易集解》，引子夏《易傳》，《九家易》及馬融、鄭玄、荀爽、宋衷、虞翻、陸績、王弼、何晏、向秀、干寶、劉瓛、伏曼容、姚規、崔憬、侯果各家傳、注。

《正義》：唐．孔穎達《周易正義》，三國魏．王弼注，孔穎達正義。其中《繫辭》、《說卦》、《序卦》、《雜卦》為晉．韓康伯注。

《程傳》：宋．程頤《周易程氏傳》。

《本義》：宋．朱熹《周易本義》。

《經解》：清．朱駿聲《六十四卦經解》。

《尚氏學》：尚秉和《周易尚氏學》。

《故事》：顧頡剛《周易卦爻辭中的故事》。

《新證》：于省吾《易經新證》。

《類纂》：聞一多《周易義證類纂》。

《雜識》：聞一多《璞堂雜識》。

《今注》：高亨《周易古經今注》、《周易大傳今注》。

《通義》：李鏡池《周易通義》。

《初稿》：屈萬里《周易集釋初稿》。

《說文》：漢・許慎《說文解字》，清・段玉裁注。
《釋名》：漢・劉熙《釋名》。
《定聲》：清・朱駿聲《說文通訓定聲》。
《注箋》：清・徐灝《說文解字注箋》。
《疏證》：清・王念孫《廣雅疏證》。
《述聞》：清・王引之《經義述聞》。
《釋詞》：王引之《經傳釋詞》。
《平議》：清・俞樾《群經平議》。
《通釋》：清・馬瑞辰《毛詩傳箋通釋》。
《釋林》：于省吾《甲骨文字釋林》。
《紀年》：方詩銘、王修齡《古本竹書紀年輯證》。
《管錐編》：錢鍾書《管錐編》。
《西周史》：楊寬《西周史》。
《西周史略》：日・白川靜《西周史略》。

《易經》六十四卦

在《易經》全部六十四卦中，除《乾䷀》與《坤䷁》，《頤䷚》與《大過䷛》，《坎䷜》與《離䷝》，《中孚䷼》與《小過䷽》等四對是以「反卦」關係相連外，其餘二十八對（五十六卦）皆以「倒卦」關係對對相連。此即孔穎達《周易正義》所説「二二相耦，非覆即變」。覆，指倒卦（又稱「綜卦」）；變，指反卦（又稱「錯卦」）。

在《易經》裏，凡排序相連（包括相耦與非相耦）的卦體，其卦義多具有相對（如《乾》與《坤》）、相反（《泰》與《否》），相因（互為因果，如《訟》與《師》）、相需（條件關係，如《訟》、《師》與《比》），相輔（互補關係，如《臨》與《觀》）、相承（先後連貫，如《蒙》與《屯》）或者平行並列（如《謙》、《豫》之與《隨》、《蠱》）等種種關係，體現出綿密的邏輯性。可見六十四卦並非隨機的組合，而是一個結構謹嚴的整體；《易經》乃經有意識精心編撰而成，是一本用以占筮，但充滿人事、物情、哲理、史實與崇高治國理念的百科全書。亦因此，才會令孔子一見傾心，視為寶典，反覆披覽，珍而重之。

一　乾

䷀（乾下乾上）

本卦導讀——

《乾》，卦義為強壯、剛健；代表「天」之德性。漢帛書《易》卦名作《鍵》。「乾」、「鍵」，都是「健」的借字（上古音音近字通）。全卦六爻皆陽，呈純陽至健之象，故卦名為《乾》。《乾》卦《象》傳說：「天行健，君子以自強不息。」便精點出全卦的要義。

在「十二消息卦」中，為代表四月初夏、陽氣極盛、萬物繁生季候之卦。

乾：元亨[1]，利貞[2]。

注釋　1 元：大；本義為首（頭部），故特指極大、最大。此字在《易經》中出現二十七次，含義相同。亨：通。2 利：指有利於、適宜於做某事。貞：卜問，占問。甲骨文多見。此字在《易經》中出現一百一十二次，除兩次（《旅．六二》、《旅．九三》）外，意義均同。

譯文　《乾》卦：極其順利，利於占問。

解析　卦體上乾☰下乾☰，乾的卦象為天（見《說卦》），而「天行健」，天道剛健，不停運轉，故君子若能效法天道，自強不息，奮進不止，必大通順而無往不利。

初九[1]：潛龍，勿用[2]。

注釋　1 初九：爻名，或稱爻題。初，指爻之位次，《易經》以初、二、三、四、五、上標明六爻自下而上之位次。九，標示爻性；九為老陽之數，代表陽爻，以下同。2 潛龍：即「龍潛」；主謂倒裝句。龍，在這裏代表陽性事物，「喻陽氣及聖人」（《經典釋文》）。勿用：不要動，不可施為。

按，龍、用協韻，並與其他各爻龍字協韻，故這樣標點。

譯文 （自下而上）第一位，陽爻：龍潛伏着，不要行動。

解析 初九為陽爻，故稱「龍」；爻位在下，故稱「潛」。爻意說，聖人君子暫宜隱伏待時，不可輕舉妄動。

賞析與點評

「潛龍勿用。」

潛，不等於一沉不起；勿用，也不是無所作為。它只是順應不利環境時採取的「以靜制動」的權宜之計，一種「韜光養晦、磨礪以須、蓄鋭待時」的應對策略。時人所謂「忍一時風平浪靜，退一步海闊天空」，便是善用「潛龍勿用」策略的範例之一。又如經濟領域中的投資行為，當市況去到極端時，絕大多數人都會受不了而離場，只有個別有遠見的投資者才沉得住氣，不怕寂寞和孤獨，以超常的堅忍與耐心，去贏取終極最大的回報。

九二[1]**：見（xiàn）龍、在田**[2]**。利見大人**[3]**。**

注釋 1 九二：爻名。九，代表陽爻；二，標明爻（自下而上）的位次。2 **見龍在田**：即「龍見于田」，為倒裝句法。見，通「現」，顯露，出現。在，同「于（於）」，介詞。周原甲骨：「龍見于茁。」（H1：92）可比照。3 **大人**：有身份、地位的人，周代指王侯、貴族；與「小人」相對而稱。

按，龍字入韻；又田、人協韻：故這樣標點。

譯文 第二位，陽爻：龍出現在田野。利於見貴人。

解析 此陽爻處下卦中位，表示有剛健之德，又能行中道。占得此爻，意味或將得見「大人」，獲得好處；或自己會嶄露頭角成為「大人」，而為眾人所「見」。

九三：君子[1]**，終日乾乾**[2]**，夕、惕若**[3]**，厲**[4]**，无咎（jiù）**[5]**。**

注釋 1 君子：在西周晚期，可指王侯、公卿、大夫、士。2 乾乾：孜孜不倦的樣子。3 惕若：即惕然，保持警覺的樣子，言因憂懼而警戒。4 厲：危險。在《易經》中，「厲」

字共出現二十七次，意義相同。5 无：無。《易經》有無之「無」均作「无」。楚簡《易》作「亡」。咎：禍殃、災病，罪過（名詞）；或怨責、怪罪（動詞）。全《易經》「咎」字共出現九十八次，意義不離於此。

按，乾、夕、若、厲協韻，又子、咎與四爻咎合韻，故這樣標點。

譯文 第三位，陽爻：君子整天孜孜不倦地努力上進，晚上也毫不懈怠，縱遇危險，也沒有禍患。

解析 爻意與「天行健，君子自強不息」的卦義遙相呼應，強調永不言休的精神。

賞析與點評

「朝乾夕惕。」

這成語由《乾・九三》爻辭凝縮而來。表示有抱負、有作為的人無論何時，都會奮勵振作，勇猛精進，毫不懈怠，同時又提高警覺，保持清醒頭腦，經常策勵自己，尋找不足。「朝乾」是拚搏，奮進；「夕惕」是自警，自省（所謂「吾日三省吾身」，便是「夕惕」的表現之一）。兩者結合，便可勇往直前，都能逢凶化吉，遇險呈祥，故無往而不勝。《升》卦上六爻辭：「冥升。利于不息之貞。」也有類似的含義，強調的都是「不息」，而不是「休息」或「按時作息」，正可互相參證。

九四：或躍在淵[1]，无咎。

注釋　1 或：有（的），可指人或事物；不定代詞。《詩・小雅・鶴鳴》：「魚在于渚，或潛在淵。」在：同「于（於）」。淵：深湖、深潭。

譯文　第四位，陽爻：龍有時從深水躍出，沒有禍患。

解析　初爻龍潛伏在淵中，二爻露出地面，三爻蓄聚力量，到此時則向上騰躍，爭取更大的發展空間。

九五：飛龍、在天[1]。利見大人[2]。

注釋　1 飛龍在天：即「龍飛于天」，句式本與「龍戰于野」（《坤・上六》）同，但主謂倒裝。

2 大人：注見二爻。

按，龍字入韻；又天、人協韻：故這樣標點。

譯文　第五位，陽爻：龍飛到天上。利於見貴人。

解析　九五是上卦中位，全卦之「天位」、「君位」。以剛健中正而履尊位，必可大有一番作為，並會像「雲從龍，風從虎」般，獲得眾人的信賴、擁戴。

上九：亢(kàng)龍[1]，有悔[2]。

注釋 1亢龍：即「龍亢」，主謂倒裝。亢，義為高舉，這裏作「高飛」解，意指飛至極高之處。漢帛書《易》作「抗」，義同。2悔：悔恨，懊惱。全《易經》「悔」字共出現三十三次，意義相同。

譯文 最上位，陽爻：龍高飛遠舉，有悔恨、煩惱。

解析 上九居《乾》卦之極，窮高易危，物極必反，加以陽居陰位，位不當，故呈「亢龍」之象。意味若缺乏相應的才德而居高位，又不自量力，肆意妄為，定會動輒得咎而陷於困境，生出無窮的懊悔。

賞析與點評

「亢龍有悔。」

美國在「9·11」後，自恃國力強橫，以為天下無敵，藉口「反恐」，肆行單邊主義，揮軍阿富汗，更以莫須有的「製造並貯存大規模殺傷力武器」之罪名悍然入侵伊拉克，結果泥足深陷多年，付出高昂代價，更令超過十萬名伊拉克民眾無辜喪生，二百萬人流離失所，因而被西方媒體稱為是自「越戰」以來最不受歡迎，對美國在全球的聲譽、地位打擊最大的戰爭。連美總統奧巴馬接受傳媒訪問時，也「不再稱美國撤軍伊拉克是勝利」（香港《信報》）。看來，「亢龍有悔」的滋味，實在不好受。

用九[1]：見群龍[2]，无首[3]，吉。

注釋

1 **用九**：《乾》卦特有之爻名。漢帛書《易》作「迵九」。按，迵（dòng 洞）與用，皆古韻東部字，這裏都應讀為「同」，同有聚合、統括之義，所以「同九」的意思是說，此爻乃統合全卦六陽爻的作用。因為依照傳統筮法，筮得《乾》卦，若六爻皆七，則六爻不變，而以卦辭占斷，若六爻皆九，則六爻俱變（稱為《乾》之《坤》。之，往，此指卦、爻之變），而以用九爻辭占斷，可見，本爻乃總諸老陽（九為老陽）之用，故爻名「同九」。2 **見群龍**：即「群龍見」，主謂倒裝。見，通「現」。3 **无首**：沒有領頭的。首，首領。

按，龍字入韻，又首與上爻悔合韵，故這樣標點。

譯文

統合眾陽爻的作用：群龍一起出現，沒有為首的，吉利。

解析

六爻皆陽，故稱「群龍」。「无首」，是指諸爻在這裏都起同樣作用，並無主次之分。既各展其能，又同心協力，故「吉」。

按，這爻辭的內容極可能與《周易》寫定之年代——「共和」時期的政治形勢有關：西周厲王末年，由於朝政衰敗，國人暴動，導致貪腐暴虐的厲王出奔於彘（今山西霍縣），而令王位曠缺，於是眾諸侯便推舉共伯（名和）與周公、召公共同主政，史稱「共和行政」。爻辭以「群龍无首」喻此局面，並認為是「吉」兆。

賞析與點評

《乾》是《易經》之始，卦義貫通全書，地位舉足輕重。全卦以「天行」為榜樣，提倡一種剛健自強、永不言休的奮鬥精神。各爻由龍潛伏水中，到露出地面，到躍起半空，到飛到天上，再飛到極高處，順次取象，層次井然。

如果說，「亢龍有悔」是對自視過高、橫行無忌終至陷入窘境的強權大國的形象寫照，那麼，中國奉行「和平崛起，永不稱霸」的國策，則正與「群龍无首」的《易》之義息息相通，也完全符合當今大多數人對世界宜「理性共存，多元並進」發展的企望。可見《易》道、《易》理確是萬古長新，放諸四海皆準，可供後世挹注無盡。

二 坤

䷁

（坤下坤上）

本卦導讀——

《坤☷》為《乾☰》的反卦（又名「錯卦」，兩卦之陰陽爻全部相反），故義亦相對：《乾》卦談天，《坤》卦說地。

《坤》原作《川》（見漢帛書《易》及各種漢碑），指河川原野，有柔順、寧靜的特性，故卦義為順。後寫作《坤》（川、坤，上古音同韻部），代表地（與女性），以和象天（與男性）之《乾》相配，構成一對「父母卦」。其卦體由兩坤☷重疊而成，坤為地（《說卦》），地體不動，故至靜；六爻純陰，故至柔至順：因而卦名為《坤》。

在「十二消息卦」中，為代表十月初冬、陰氣極盛、萬物蟄伏閉藏季候之卦。

坤：元亨[1]，利牝（pìn）馬之貞[2]。君子，有攸（yōu）往[3]，先迷[4]，後得；主利[5]。西南，得朋[6]，東北，喪朋[7]。安貞[8]，吉。

注釋

1 元：極大、最大。亨：通。2 牝馬：雌馬。貞：占問。3 攸：所；助詞。4 迷：失道。5 主：本義為燈中火炷，引申作燃燒，照明，再引申為預示。6 朋：古代貨幣單位，五貝為一朋；或云五貝為一繫，兩繫為一朋。一說，朋，謂朋友。7 喪：失；漢帛《易》作「亡」。8 安貞：占問安否。

按，卦辭亨、貞、子、往、迷、得、利、南、朋、北、朋、貞、吉等字皆分別入韻，故這樣標點。

譯文

《坤》卦：極其順利，利於占問雌馬的事。君子有所往，起先迷路，後來找到路；預示將獲利。往西南方能賺到錢，東北方會破財。占問是否平安，吉利。

解析

《坤》為地，地與天配合，順天而行，厚德載物，萬物賴之而生，故大通順。馬馳騁於地，雌馬與地同為陰性之物，故「利牝馬之貞」；此謂畜養、乘坐或販運雌馬，將會有利。《坤》性陰柔，不宜急進，須後發制人，故有「先迷，後得」之象。地道至靜，故「安貞」則「吉」。

初六[1]**：履霜**[2]**，堅冰、至。**

注釋　1 初六：爻名，或稱爻題。初，指爻之位次；六，標示爻性，六為老陰之數，代表陰爻，以下同。2 履：踩踏。

按，霜、冰、至皆分別入韻，故這樣標點。

譯文　（自下而上）第一位，陰爻：踩着霜，（意味）堅厚的冰層快將出現。

解析　霜降，是深秋之象，結冰，是冬天之象。由履霜而知堅冰將至，是因為自然的變化發展規律如此。這亦說明，事物總有積漸而成的過程，因此，必須有前瞻的眼光，善於察覺萌芽狀態的事象，做到見微知著，才可以防微杜漸。

六二：直、方、大[1]**，不習**[2]**，无不利。**

注釋　1 直、方、大：地之「三德」，即地之形質特點。2 習：修習，通曉，熟悉。又，可讀為「慴」，懼也；意謂能如大地般具直、方、大之德即能無所畏懼。《孟子．公孫丑》上：「吾嘗聞大勇於夫子矣：自反而不縮（直，正義），雖褐寬博，吾不惴焉；自反而縮，雖千萬人，吾往矣！」《二三子》引孔子曰：「尊威精白堅強，行之不可撓也，『不習』近之矣。」正闡明此意。這便是「夫子之言『大勇』」。

按，直、方、大皆入韵字，故點斷。

譯文　第二位，陰爻：（大地）平直、方正、廣大，就算未加熟習，也無所不利。

解析　「直、方、大」為地之德性。春天雪化冰消後，大地之形相特點便充分顯露出來。爻意同時説明，人如能效法大地「直、方、大」之德性，心存正直，行事端方，胸懷寬廣，則縱使暫時不熟悉環境或事務，亦可無往而不利。

六三：含章[1]。可貞[2]。或從、王事[3]，无成，有終[4]。

注釋　1 章：彩（《玉篇》）。2 貞：占問。3 或：有的，可指人或事物；不定代詞。王事：王家之事、朝廷之事，如征戰、行役、出使等。4 終：止，完成。《易經》裏一般用「有終」指獲得圓滿之結局。

按，章與二爻方、四爻囊等協韻，與從合韵；又貞、成協韻；事、終合韵：故這樣標點。

譯文 第三位，陰爻：蘊含文彩。適宜占問。有人從事王家事務，個人雖沒有甚麼成就，但事情有好結果。

解析 「含章」，是描繪春夏間萬物爭榮、百花盛放、大地色彩斑斕的景象。這些景象，爻辭統以「含章」一語涵括之，文極精煉。

若占得此爻，表明個人雖未能建功，但總體事務有成。（比如一場球賽，自己雖沒有進球，但隊友進球，球隊打贏了，便是「无成，有終」。）

六四：括囊[1]。无咎[2]，无譽[3]。

注釋 1 括：結，關閉。囊：袋子。2 咎：禍殃（名詞）；或怪責（動詞）。3 譽：好名聲（名詞）；或讚揚（動詞）。

譯文 第四位，陰爻：結紮好袋口。沒有禍患，也沒有聲譽。

解析 「括囊」，是一幅豐收圖景：人們把從田野收穫的糧食裝進各種袋子，捆紮起來。

此爻還用固結袋口比喻閉關自守，自求多福——例如對外界緘默不語（以免禍從口出），或索性充耳不聞之類。那樣保護自己固然不易惹禍上身，但也不會受人稱讚，所謂不求有功，但求無過，是一種謹小慎微的處世態度。

六五：黃裳[1]。元吉[2]。

注釋 1 黃裳：黃色下裳，為鮮麗、吉祥之服。古人以青、白、赤、黑、黃表東、西、南、北、中五方之色，黃為「地之色」（《說文》），又為「中之色」（《左傳・昭公十二年》），即中央大地的顏色。2 元：極大、最大。

按，裳與四爻囊、譽，上爻野、黃等通韻，故點斷。

譯文 第五位，陰爻：黃色裙裳。極其吉利。

解析 本爻以「黃裳」喻指收成後田野坦露的大片空蕩蕩的「黃土地」。而祭土地神時，「天子居大廟大室，乘大路，駕黃騮，載黃旂，衣黃衣，服黃玉……」（《禮記・月令》），故爻意亦應與該項隆重祭禮及其服色有關。

上六：龍戰、于野[1]，其血玄黃[2]。

注釋 1 戰：讀為「接」；此指兩性交合。野：郊外；此泛指大地。2 玄黃：天地混雜之色，「天玄而地黃」；玄，赤黑色。一說，玄黃讀為「泫潢」，血流多之貌（高亨《今注》）。按，戰、野、黃協韻。

譯文 最上位，陰爻：天龍與地母交合，祂們的血色紅黃相混。

解析 雨過天晴，彩虹垂地，一派絢爛景象。在古人心目中，虹便是「龍」，代表天之陽氣；彩虹接地，意味天地交合。而「玄黃」之「血」，正指絢麗的虹彩與雲霓。《禮記．月令》說：季春之月「虹始見」，「是月也，生氣方盛，陽氣發洩」，「時雨將降，下水上騰」，新的繁殖季節要開始了。《坤》為純陰之卦，至上六爻，窮陰極寒，急需陽氣灌注，於是便有「天龍接地」（彩虹垂野），天地交合，復生萬物之象。正是「物極必反，窮則生變」此一哲理的形象說明，給厭厭無望的世界注入一支強心針。

賞析與點評

「龍戰于野，其血玄黃。」

此爻的傳統解釋是：二龍相鬥，結果血流盈野，兩敗俱傷。後世往往由此引申喻指群雄並起、劇戰紛爭的局面。清代末年，「詩僧」蘇曼殊（1884－1918）在一九零三年秋返國時，作詩、畫告別在日本東京的師友湯國頓，表明自己投身革命、勇赴國難的抱負和決心，詩云：「海天龍戰血玄黃，披髮長歌覽大荒。易水蕭蕭人去也，一天明月白如霜。」（《以詩並畫留別湯國頓二首》之二）其中「海天」句便用了這典故，形容當時帝國主義列強對中國虎噬狼吞，瓜分豆剖，而彼此又兇殘厮咬（例如日俄之爭），造成大屠戮、大破壞的令人痛傷的時局。

用六[1]**：利永貞**[2]**。**

注釋 1 **用六**：《坤》卦特有之爻名。漢帛《易》作「迵六」。此處用、迵當讀為「同」，有聚合、統括之義。「同六」的意思是說，此爻乃統合全卦六陰爻的作用。因為依照傳統筮法，筮得《坤》卦，若六爻皆八，則六爻不變，而以卦辭占斷，若六爻皆六，則六爻俱變（稱為《坤》之《乾》；之，往，此指卦、爻之變），而以用六爻辭占斷。可見，本爻乃總諸老陰（六為老陰）之用，故爻名「同六」。2 **永**：長，久遠。**貞**：占問。

譯文 統合眾陰爻的作用：利於占問長遠前景。

解析 六爻俱陰，終會變而為陽，成《乾》卦，故「利永貞」；就是說，其「利」在長遠之能變。孔子說：「不柔則不靜，不靜則不安，久靜不動則沈，此柔之失也。」（帛書《易傳・易之義》）欲挽其失，必以陽剛濟之，只有剛柔互補、動靜相濟，方是保障大自然永續發展、生生不息之正道。

賞析與點評

天地創生萬物，故《易》卦亦從天、地開始。《乾》卦頌揚天，《坤》卦頌揚地——全卦各爻辭以簡潔妙麗之筆，描述了川原大地一年四季的不同生態、景色與意象，可說是一闋「地母」之歌。

誠如《象》傳所言：「天行健，君子以自強不息」；「地勢坤，君了以厚德載物」。人們既當效法天體之堅毅剛健、周流不息，孜孜不倦地奮發圖強，建功立業；同時，又須效法大地之温厚平順，氣度恢宏，以廣博的襟懷包容萬物，承擔責任。

三 屯 ䷂（震下坎上）

本卦導讀——

《屯（zhùn）》卦，義為阻滯、困難（在古文字中，屯字正象草木初生艱難之狀）；又指積聚、滿盈。卦體上坎☵下震☳，震為雷（見《說卦》，下同），坎為雲為雨，雲雷屯聚，充塞於宇宙間，雷雨交加，形成險難之象，似陰陽二氣初交、艱難孕育萬物的情景，因此卦名為《屯》。

此卦主要反映始創之艱，成就之難，並以打獵與求偶等為喻，說明面對困難時應採取的態度和方法。

屯：元亨[1]，利貞[2]。勿用有攸往[3]。利建侯[4]。

注釋

1 元：極大、最大。亨：通。2 貞：占問。3 用：要；助動詞。按，「用」字在《易經》中出現五十六次（另有一處異文不算在內），有多種用法和含義。若獨立作動詞，釋作施為、行動（見《乾・初九》），使用（見《泰・上六》），或任用（見《師・上六》）等。若作介詞，則用同于、以等（用、以、為、于皆一聲之轉，故常可互通）。又常作助詞，置動詞前，表動作之實施、進行。另外，還可作連詞。攸：所；助詞。

4 建侯：冊封諸侯。西周成（王）、康（王）之世是大封諸侯的時代。

譯文

《屯》卦：極其順利，利於占問。不要有所往。利於封立諸侯。

解析

震為雷，有號令四方之象，故又為君侯。卦辭在今天可理解為：當政府或企業、機關、社團等遇到重大情況，事務繁多，頭緒紛亂之際，領導者不必事事躬親，弄至疲於應付，而應委派得力人員各司其職，自己居中指揮調度，則運作會較暢順，也易於解決問題，令局勢轉危為安。

初九：磐桓[1]。利居貞。利建侯。

注釋　1 磐桓：徘徊。

譯文　（自下而上）第一位，陽爻：徘徊不進。利於占問居處之事。利於封立諸侯。

解析　爻意可理解為：遇到困難時，首先須冷靜思考，沉着應對，「謀定而後動」；並宜恰當調度，協同眾力，共濟時艱，切忌孤軍作戰。

六二：屯如、邅（zhān）如[1]，乘馬、班如[2]；匪寇[3]，婚媾（gòu）[4]。女子，貞不字[5]，十年乃字。

注釋　1 屯如邅如：猶屯（迍）邅；艱澀難行的樣子。如，形容詞詞尾。2 乘馬：指駕馭一車駟馬。乘（平聲），乘坐，亦指駕馭。班如：盤旋不進的樣子。班，旋也。3 匪：通「非」；漢帛《易》作「非」。寇：盜賊（名詞）；劫掠（動詞）。4 婚媾：結為婚姻。此據四爻意可知指求婚。5 字：懷孕，生育。

按，屯、如、邅、如、馬、班、如、寇、媾、子、字、字等皆分別入韻，故這樣標點。

譯文　第二位，陰爻：駕着車馬兜兜轉轉，遲迴難進；不是寇盜，是來求婚的。女子占問不育，十年才生育。

解析 以求婚、求子為喻，慨歎成就之難。

六三：即鹿无虞（yú）[1]，惟入于林中。君子幾（jī），不如舍[2]。往，吝[3]。

注釋 1即：就，靠近。虞：獵官。平日負責管理園囿禽獸，到狩獵時協助主人射獵。2幾：通「既」，終，窮盡；動詞。舍：通「捨」。「君子幾，不如舍」表示一種選擇關係。3吝：通「遴（lìn）」，「行難也」（《說文》）。此字在《易經》中出現二十次，均作「行難」或遭遇困厄解，其可憂的程度比「悔」稍輕。

按，虞、舍、往通韻；又中、幾、吝協韻，故這樣標點。

譯文 第三位，陰爻：追獵麋鹿，卻沒有虞人相助，就這樣闖進樹林裏。君子與其窮追到底，不如放棄。前去必遭困厄。

解析 既不熟悉情況，又無人相助，如果單憑一股勇氣盲目亂闖，那就很難不以失敗告終。本爻說的是打獵，做其他事情道理也一樣。

六四：乘馬、班如[1]，求婚媾[2]。往，吉，无不利。

注釋 1 乘馬班如：注見二爻。2 婚媾：見二爻。

按，馬、如、往通韻；又吉、利協韻，故這樣標點。

譯文 第四位，陰爻：駕着車馬兜兜轉轉去求婚。前往，吉利，沒有不利。

解析 起初仍曲折難行，但堅持不懈之下，終見曙光。

九五：屯（tún）其膏[1]。小貞，吉；大貞，凶。

注釋 1 屯：聚。膏：肥（《說文》）；指肥肉或膏油。這裏比喻恩澤。

譯文 第五位，陽爻：屯積那肥肉。占問小事，吉利；占問大事，凶險。

解析 積聚脂膏可能為潤滑車軸之用；亦可喻指斂財自肥，施恩不廣，所以占問小事尚「吉」，大事（祭祀、徭役、征伐等）則「凶」。

上六：乘馬、班如，泣血、漣如[1]。

注釋 1 血：指悲痛的淚水。漣如：淚流不斷的樣子。

譯文 第六位，陰爻：駕着車馬兜兜轉轉，車上的人哭得血淚漣漣。

解析 接回的新娘在馬車上痛哭，對故家難捨難離。若處理不當，好事也會變壞事。推而廣之，這恰似黎明前的黑暗，是最艱險、嚴峻之時，倘能樹立信心，堅持下去，則光明的轉機當亦不遠。

四　蒙

䷃

（坎下艮上）

本卦導讀——

《蒙》卦，義為覆蓋，又指暗昧難明，由蒙字本義之「女蘿」引申而來；蒙通萌，故兼喻幼稚無知。卦體上艮☶下坎☵，艮為山，坎為水，山下出泉，其源被山遮蔽，其水則不知所往，故有蒙昧未明之意。但更可能是表現混沌初開時山從水出，即滄海變桑田之狀。《屯䷂》卦象天地始分絪縕孕育的情景，而《蒙䷃》為其倒卦，狀萬物初生時的「萌芽」、「鴻蒙」狀態，故卦名為《蒙》。《乾》、《坤》、《屯》、《蒙》四卦，構成一篇「創世紀」。

當事物處於蒙昧狀態時，亟須耐心、正確的啟發、引導與扶助，本卦正反覆申明此意。

蒙：亨[1]**。匪我求童蒙**[2]**，童蒙求我。初筮（shì），告**[3]**；再三，瀆（dú）**[4]**，**

瀆，則不告。利貞。

注釋　1亨：通。2匪：非。童蒙：年幼無知者。3告：漢帛《易》、漢石經均作「吉」，若然，則「瀆」失韻，恐非是。筮（音噬）：用蓍草占卦。4瀆（音讀）：輕慢不敬。

按，亨、蒙、蒙合韻，我、我、筮通韻，告、瀆、瀆、告合韻，故這樣標點。

譯文　《蒙》卦：順利。不是我去求蒙昧無知的孩子，是蒙昧的孩子來求教於我。首次占筮，神靈告之結果；再兩次、三次重複占筮，便是褻瀆神靈，神靈被褻瀆，當然不會告之結果。利於占問。

解析　艮為少男，坎為隱伏（見《說卦》），故稱「童蒙」。「童蒙求我」，說明孺子可教，故「亨」通。又童蒙可泛指愚昧無知之人，愚昧之人才會再三重複同一問題而冒瀆神靈。明乎此理，便利於占問。

初六：發蒙。利用刑人，用說桎梏（zhì gù）[1]。以往[2]，吝。

注釋　1用：前一個為介詞，釋「于（於）」；後一個為助詞，置動詞前，表實施、進行某事

（參《屯》卦）。刑人：受刑毀傷之人，指罪人。《禮記・曲禮上》：「刑人不在君側。」說：通「脫」。桎梏：拘囚腳和手的刑具。「在足曰桎，在手曰梏。」。2 以：表假設。

譯文　（自下而上）第一位，陰爻：啓發愚蒙。有利於罪人解脫枷鎖。如果前往，有困厄。

解析　初六柔居卦下，有「物始生而蒙」之象，故須「發蒙」。愚昧容易犯法，故啓發愚蒙有利於使人免陷法網，而犯法者也易於減刑獲釋。若占得此爻，利於訟獄之事，而不利出行。

九二：包蒙，吉。納婦[1]，吉。子克家[2]。

注釋　1 婦：指妻子。2 克家：能夠成家立室。克，能。一說，能當家。

譯文　第二位，陽爻：包容愚蒙，吉利。娶妻，吉利。兒子能夠當家。

六三：勿用取女[1]。見金[2]，夫，不有躬[3]。无攸利。

注釋 1 **取**：通「娶」。2 **金**：指代女方陪嫁之財禮（《今注》）。3 **躬**：身。

按，女與夫，金與躬分別協韻，故應這樣標點。諸本多斷作「見金夫，不有躬」，非是。

譯文 第三位，陰爻：不要娶女子。見到財禮，丈夫會喪命。無所利。

解析 意謂那女子「剋夫」，所以不可娶。

六四：困蒙。吝。

譯文 第四位，陰爻：困於蒙昧。有困厄。

解析 此爻處《蒙》卦中間，又處同性二陰爻（三、五）間，因呈「困蒙」之象。

六五：童蒙[1]**。吉。**

注釋 1 **童蒙**：指幼稚純真、沒有機心的小孩（參卦辭）。

譯文　第五位，陰爻：（像）童真的小孩。吉利。

解析　艮為少男，為「童蒙」。此爻以柔居上卦之中位、尊位，而與九二爻剛柔相應，猶如出身優裕、地位尊貴，但柔順、謙遜、主動「求我」的「童蒙」（見卦辭），應是「孺子可教」的大可造之材，故吉利。

上九：擊蒙。不利為寇[1]，利禦寇。

注釋　1 寇：注見《屯・六二》：「匪寇，婚媾。」

譯文　最上位，陽爻：擊破愚蒙。不利於侵掠他人，利於抵禦他人侵掠。

解析　爻意謂寇掠行為是愚蒙的表現，必須破除之。若占得此爻，無論做人、處事、求學、營商，都只宜取穩守策略。要善於團結眾人，一致對外；不可侵人利己，惹起爭端。

五　需

䷄

（乾下坎上）

本卦導讀——

《需》卦，義為等待；需字甲骨文作，象人遇雨沾濕身體，停留守候之狀，又有濡濕、潤澤之義。卦體上坎☵下乾☰，乾為天，「天行健」，故健於行，坎為水為險，遇險在前，剛健之行者須停留等待，以免陷沒；又乾為天，坎為雲，雲上於天，將待時而降雨：故卦名為《需》。

事物發展的進程往往漫長而曲折，難以一蹴而就，必要的暫停、守候（以便看清前景，認明方向，等待條件成熟、時機到來），正是為了更好地前行，所以，除了信念、決心和勇氣之外，要達到目的，毅力與耐性同樣不可缺少。當然，一切還須因應情況，確定守候的時機、地點和方式，否則也容易弄巧成拙（參三爻）。

需：有孚（fú）[1]，光亨[2]。貞，吉。利涉大川[3]。

注釋 [1]孚：讀為「符」，謂符合，相應；引申為「信」，包括對上天、神靈的虔誠信奉，以及對人的誠實不欺、忠誠守信。此字全《易經》出現四十二次，除三次（《大壯·初九》、《夬》、《姤·初六》）外，皆釋為符、信（誠信）或其引申義（如信譽、聲望等）。漢帛、漢簡《易》均作「復」，當為孚之近音借字。[2]光：通「廣」。「光亨」，指廣泛通達。[3]涉：蹚水過河；引申為凡渡水之稱。大川：大江河。「涉大川」比喻涉險難，成大事。

譯文 《需》卦：胸懷誠信，無往不順利。占問，吉利。利於涉渡大河。

解析 卦辭說，君子須保持心中誠信，從容等待，一旦時機成熟，便可成就事業（「涉大川」）。

初九：需于郊[1]，利用恆[2]。无咎。

注釋 [1]需：停留等待。[2]用：于（於）。恆：常，長久。

譯文（自下而上）第一位，陽爻：守候在郊野，利於有恆心。沒有禍患。

解析初爻象「郊」，遠離上卦坎之水險。故利於「恆」居久處，而不宜冒險犯難而行，以免招惹災禍。

九二：需于沙[1]。小有言[2]，終吉。

注釋1需：停留等待。2小有言：《易經》中的「有言」，多指怨懟、指責或争拗的話。如《訟．初六》、《明夷．初九》等。一說，言同「辛」，通愆（qiān），指過失，災禍（《類纂》）。

譯文第二位，陽爻：守候在沙地。稍有怨懟、不滿之言，最後吉利。

解析沙地，漸近於水（坎）險，而九二以陽居陰，位不當，故「小有言」。此爻居乾之中位，有剛健之質，能行正中之道，故「終吉」。

九三：需于泥，致寇至[1]。

注釋　1 致：招引。

譯文　第三位，陽爻：守候在泥灘，招致寇盜到來。

解析　泥灘，在水險之旁。三爻泥足深陷，又鄰於坎，坎為盜（見《說卦》），三、上相應，故「致寇至」。

六四：需于血[1]。出自穴[2]。

注釋　1 血：通「洫」，溝。2 穴：地洞或窰洞，當時人們所居。

譯文　第四位，陰爻：守候在河溝。從洞穴裏出來。

解析　爻居坎體，坎為溝瀆，故「需於洫」。二至四爻互兑，兑上缺，有「穴」象，四處兑口，故「出自穴」。

九五：需于酒食。貞，吉。

譯文　第五位，陽爻：安待於酒食中。占問，吉利。

解析　此爻陽剛居中得正處尊位，故可以飲食宴樂，從容等待。

上六：入于穴。有不速之客三人來[1]。敬之，終吉。

注釋　1 不速之客：不請自來的客人。速，召，招請。

譯文　最上位，陰爻：走進洞穴。有三位未經邀請的人士突然到來。敬而遠之，終於吉利。

解析　上六柔居正位，下應九三，雖處坎險之極，會有不測之事發生，但只須謹慎應對，便終獲吉祥。

六 訟

☰☵（坎下乾上）

本卦導讀——

在發展、前行過程中，無論是同行者、合夥人或競爭者，都常會因為意見不合、理念分歧或利益衝突而產生各種磨擦與紛爭，若「私了」不行，便對簿公堂，實行「公了」。這便是《訟》卦的由來。

《訟》，義為因不和而爭辯，並訴之於公。卦體上乾☰下坎☵，乾剛而坎險，上剛意欲箝制其下，下險圖謀算計其上，遂引致不和而爭訟；又上乾為天，下坎為水，天象（如日月）西行，水流東注，兩者背道而馳，恰如人之性情彼此乖戾，必易引致爭訟：故卦名為《訟》。

訟：有孚（fú）[1]，窒[2]，惕[3]。中吉，終凶。利見大人，不利涉大川。

注釋　1 孚：信。2 窒：借為「恎（dié 疊）」，恐懼（《類纂》）。3 惕：怵惕，警戒。

按，窒、吉、人、川協韻，故這樣標點。

譯文　《訟》卦：胸懷誠信，保持戒懼。中途吉利，最後凶險。利於見貴人，不利於涉渡大河。

解析　能「有孚」而「窒，惕」，則雖有爭拗，中段仍「吉」。但終極其訟、相爭不止，必致兩敗俱傷，就算強行取勝，也不能長久安定，故「終凶」。本卦與《需》為倒卦，形成「反對之象」，《需》言「利涉大川」，此則「不利涉」，皆與卦名義有關。可見卦名、卦辭實同出一源。

初六：不永所事[1]。小有言[2]，終吉。

注釋　1 永：長，久遠；不永，即有始無終。首句楚簡《易》作「不出御事」，意為「不出來處理政事」。2 有言：注見《需・九二》。

譯文　（自下而上）第一位，陰爻：不能完成所做的事。稍有怨謗之言，最後吉利。

解析　爭訟者若筮得此爻，控辯雙方或會庭外和解。

九二：不克訟[1]，歸而逋（bū）[2]。其邑人三百戶[3]，无眚（shěng）[4]。

注釋　1克訟：勝訴。克，勝。2逋：逃。3邑：人聚居之處；此特指貴族領主的封地。三百：虛數。楚簡《易》作「三四」。4眚（音省）：災。

按，逋、戶協韻，故應這樣標點。《正義》、《通義》、《今注》諸本所斷有誤。

譯文　第二位，陽爻：不能贏得訴訟，回去後便逃亡。他采邑裏的數百戶人家，沒有災禍。

解析　這是說，主人敗訴逃亡，但下屬不受影響。

六三：食舊德[1]。貞，厲；終吉。或從王事[2]，无成。

注釋 1食：猶言「享」。德：惠，恩德、祿位。2或：有人、有時；不定代詞。王事：注見《坤·六三》。

譯文 第三位，陰爻：安享舊日的祿位與尊榮。占問，危險；最終吉利。有人從事王家事務，沒有成就。

解析 此爻說，光「吃老本」，靠祖蔭父蔭，坐享其利，就算贏得官司，也是危險的，應憑自己努力，再創新猷。但暫時不宜從事公務。

九四：不克訟[1]，復[2]，即命[3]，渝[4]。安貞[5]，吉。

注釋 1不克訟：注見九二爻。2復：返回。3即：靠近，順從。命：此指判決之結果、要求。《書·金縢》：「今我即命于元龜。」4渝：變；此或指不再興訟。5安貞：占問安否。

按，訟、渝通韻，命、貞、吉協韻，故這樣標點。

譯文 第四位，陽爻：不能贏得訴訟，回去後，服從判令，改變初衷。占問是否平安，吉利。

解析　爻意說，敗訴之後，若能渝變不爭，安於本分，自可得「吉」。

九五：訟，元吉[1]。

注釋　1 元：極大、最大。

譯文　第五位，陽爻：爭訟，極其吉利。

解析　若占得此爻，只要據理而訟，必獲勝訴。

上九：或錫之、鞶（pán）帶[1]，終朝三褫（chǐ）之[2]。

注釋　1 或：代詞；此指王侯之類當權者。錫：通「賜」，漢帛《易》即作「賜」。鞶帶：寬大的皮腰帶，為大夫以上的服飾。2 終朝：早晨；表示短時間內。一說，由早至晚一整天。三：虛數，表示多。褫：剝奪。

按，錫、褫通韻，之、之協韻，故這樣標點。

譯文　最上位，陽爻：有人賞賜給他官服革帶，一朝之內，又幾次把它剝奪。

解析　上九爻以陽居陰失位，表示無理爭訟而最後僥幸取勝，但所得旋亦失之，不能長久保有，故有「終朝三褫」之象。卦辭所謂「終凶」，便是指這樣一種結果。

七　師

☷☵（坎下坤上）

本卦導讀——

《訟》卦說的是「文鬥」，《師》卦說的是「武鬥」。戰爭是政治的繼續，也是爭拗的延續，口舌之爭如果解決不了，便往往訴諸武力，實行兵戎相見。這就是《訟》卦後要接以《師》卦的理由。

《師》，卦義為「衆」，既指衆人、民衆，又指軍隊、兵衆。卦體上坤☷下坎☵，坤為地，坎為水，呈地中有水，廣大容衆之象；又九二唯一陽爻居下卦之中，似將領，上下諸陰爻順而從之，似兵衆；又，九二以陽剛居下用事，六五以柔居上而任用之，有君主命將出師之象：故卦名為《師》。

師：貞丈人[1]，吉，无咎。

注釋　1丈人：一作「大人」（《集解》引子夏），與《困》卦「貞大人，吉，无咎」同。不論丈人或大人，均指德高望重，有身份、地位的人，這裏當指軍中統帥。

譯文　《師》卦：為貴人占問，吉利，沒有禍患。

解析　下坎為險，上坤為順，九二以陽剛居下卦中位，與上卦中爻六五剛柔相應，說明統帥率師雖兵行險道，但能順君情，適民意，故「吉」而「无咎」。

初六：師[1]，出以律[2]。否臧（zāng）[3]，凶。

注釋　1師：軍旅。《詩．秦風．無衣》：「王于興師。」2以：按照，憑藉。律：法；指軍紀。3否臧（音髒）：不善，指「失律」。否，楚簡、漢帛《易》均作「不」；臧，善。按，師、律合韻，臧、凶合韻，故這樣標點。

譯文　（自下而上）第一位，陰爻：軍隊出兵須嚴守紀律。假如軍紀廢弛，凶險。

九二：在師中[1]，吉，无咎。王三錫命[2]。

注釋　1 師：軍隊。2 三：虛數，表示多。錫：通「賜」。命：爵命，封賞之命令。

按，中、咎通韻，吉、命通韻，故應這樣標點。

譯文　第二位，陽爻：在軍隊中，吉利，沒有禍患。君王數次頒下嘉獎命令。

解析　九二陽剛得中，為衆陰所歸依，陰陽諧協，猶如將帥在軍中，深受部下擁戴，故「无咎」。上應五爻，五為君為「王」，故有「王三錫命」之「吉」象。

六三：師，或輿尸[1]。凶。

注釋　1 或：有的人；有時。代詞。輿：車。此作動詞，謂用車子裝載。《本義》：「輿尸，謂師徒撓敗，輿尸而歸也。」尸，同「屍」。

按，師、尸協韻，故點斷。

譯文　第三位，陰爻：軍隊有人用車子載運屍體。凶險。

解析　六三陰居陽位，不中不正，又與上無應，若強行出師，單打獨鬥，必遭挫敗，故有師出無功，「輿尸」而返之「凶」兆。

六四：師，左次[1]。无咎。

注釋 1 左次：古尚右，左有卑退之意，故「左次」即退駐。次，舍，駐留。《左傳·莊公三年》：「凡師一宿為舍，再宿為信，過信為次。」一說，左次謂在左邊駐紮（《通義》）。按，師、次協韻，故點斷。

譯文 第四位，陰爻：軍隊退守駐防。沒有禍患。

解析 六四位不中，鄰於坎險，又與初爻失應，不利往，故有「左次」退防之象。幸此爻居陰得正位，故終「无咎」。

六五：田有禽[1]，利執言[2]。无咎。長子，率師；弟子[3]，輿尸[4]。貞，凶。

注釋 1 田：獵。禽：鳥獸之總名；又為「擒」古字，指獵獲。執：捉拿，拘捕。2 言：讀為「訊」，俘虜。金文《兮甲盤》：「折首執訊，休，亡愍。」與此語意、詞例並同，爻辭謂田獵多獲，為軍中殺敵致果之先兆（《類纂》）。3 弟子：指次子。《國語・吳語》韋昭注：「長，先也；弟，後也。」4 輿尸：注見三爻。

按，子字入韻，故點斷。

譯文 第五位，陰爻：打獵獵得禽獸，有利於捕獲俘虜。沒有禍患。長子統率軍隊，次子用車子載運屍體。占問，凶險。

解析 六五居上卦之中位、尊位，但以陰居陽，位不當，猶如才不稱其職，故又見「弟子輿尸」之「凶」兆。

上六：大君[1]，有命[2]：開國〔啟邦〕，承家[3]；小人[4]，勿用。

注釋 1 大君：天子，一國之君。楚簡《易》作「大君子」，漢帛《易》作「大人君」。此詞於《易經》凡三見，義同。2 命：爵命，封賞之命令。3 開國：始建邦國。楚簡《易》作「啟邦」，是。漢時避劉邦諱改「邦」為「國」。承家：承受采邑。家，此指卿大夫的食邑。《集解》引宋：「開國，謂析土地以封諸侯。」「承家，立大夫。……因采地名，正其功勳，行其賞祿。」4 小人：指庶民，平民百姓。

按，君、命、人合韻；又邦、家、用合韻，故這樣標點。

譯文 最上位，陰爻：國君頒佈命令：或封諸侯建邦國，或立大夫領采邑；小民不得封賞、任用。

解析 爻居《師》卦之終，正軍隊論功行賞之時。但在古代森嚴的等級制度下，只有公卿大夫才可享受勝利成果，平民士卒休想分一杯羹。

八　比

☵☷（坤下坎上）

本卦導讀——

要能順利發展，或在矛盾紛爭中取勝，常常需要部屬、朋輩、盟友的支持協助。但「益者三友，損者三友」，如果誤交損友，或所託非人，就不僅不能得益，還隨時會產生嚴重後果，招致重大損害。所以，如何締盟結友，或信賴、依靠、親附甚麼人，都不可不審慎抉擇。個人是如此，國家也是如此。《比》卦就是談論有關親比的原則、方式與後果等問題，所以在《訟》、《師》之後要接以本卦。

《比》，卦義為親附、親近，輔助。九五陽剛居中得正處尊位，上下眾陰爻親附追隨；又卦體上坎☵下坤☷，坤為地，坎為水，地上有水，「地得水而柔，水得地而流」（《集解》引子夏），呈互相親比之象：故卦名為《比》。

比：吉。原筮[1]，元、永貞[2]，无咎。不寧方來[3]，後夫凶[4]。

注釋 1原：再次。《尚書・洪範》云：「立是人作卜筮，三人占則從二人之言。」2元、永貞：元，最大。永，長遠。此辭又見《萃・九五》。3不寧方：不馴服的邦國。方，商、周時對邦國之稱，甲骨、金文多見。《毛公鼎》有「不廷方」，《詩・大雅・韓奕》有「不庭方」，指不來朝會的邦國，義皆相近。4後夫：後到的人。《國語・魯語》：「昔禹致群神於會稽之山，防風氏後至，禹殺而戮之。」《古本竹書紀年》：西周「（夷王）三年，王致諸侯，烹齊哀公於鼎」。便是類似的故實。

譯文 《比》卦：吉利。再次占筮，筮問重大、長遠的情況，沒有禍患。不馴服的方國來朝，遲到的凶險。

解析 天子召集諸侯，卻敢姍姍來遲，可見跋扈不馴。「後夫」，指最上爻，因最終丟腦袋，故「凶」。

初六：有孚。比（bǐ）之[1]，无咎。有孚，盈缶（fǒu）[2]，終來，有它[3]。吉。

注釋 1比（舊讀避）：親輔。2有孚盈缶：為比喻之辭。孚，誠信；缶，瓦器。「誠信充實於內，若物之盛滿缶中也」（《程傳》）。或，孚讀為「寶」（上古近音借字），則句意為「有珍寶載滿盆」。3它：甲骨文象蛇形，即蛇字，引申指禍害。這裏比喻桀驁不馴，平日經常疏離、對抗中央政權的「不寧方」。

按，孚、咎、孚、缶與之、來合韻，又來與吉合韻，故這樣標點。

譯文 （自下而上）第一位，陰爻：胸懷誠信。親輔他，沒有禍患。誠信多得溢滿盆，不馴服的方國也終於來朝。吉利。

解析 初爻以陰居陽失位，又與四敵應，為「有它」之象，正似非我族類、桀驁難馴的「不寧方」，但現在連此「不寧方」也終來親比於「有孚」之九五：故「吉」而「无咎」。

六二：比之、自內。貞，吉。

注釋 之與內、吉合韻，故點斷。

譯文 第二位，陰爻：從內部去輔助他。占問，吉利。

解析 此爻居陰得位，又是下卦中位，上與九五剛柔相應，有自內（下卦為內）而外（上卦為外）加以親比之象，故吉利。

六三：比之[1]、匪人[2]。

注釋 1 **之**：此用同「於」（《釋詞》）；介詞。2 **匪人**：非其人，不仁不義之人。匪，通「非」，楚簡、漢帛《易》均作「非」。

按，之與二、四爻之「之」協韻，故點斷。

譯文 第三位，陰爻：親附於壞人。

解析 此爻陰柔而不中不正，所承（六四）、乘（六二）、應（上六）者亦皆為陰爻，沆瀣一氣，呈「比之匪人」之象。應為「凶」兆。

六四：外比之[1]。貞，吉。

注釋　1外比之：漢帛《易》同。楚簡《易》作「亡不利」。

譯文　第四位，陰爻：從外部去輔助他。占問，吉利。

解析　上卦為「外」。六四處上卦，以陰居陰得正位，又上承九五，有親比賢者之象，故吉利。

九五：顯比[1]。王用三驅[2]，失前禽[3]。邑人[4]，不誡[5]。吉。

注釋　1顯：光明。2用：助詞，表動作之實施、進行。三驅：從三面驅趕；或三（數）度驅趕（均見《正義》）。3失：《說文》段注：「逸去為失。」禽：鳥獸的總稱。4邑：此指村鎮之類。5誡：讀為「駭」（《平議》），驚也。

按，比、人、吉協韻，又禽、誡合韻，故這樣標點。

譯文　第五位，陽爻：光明正大地相親輔。君王網開一面，從三面包圍驅趕禽獸，讓前面的野獸逃脫了。居民不感驚怕。吉利。

解析　此爻有王者之風：一陽居尊，剛健中正，上下五陰皆前來親附，似君臨天下，大得人心的統治者、領導人。其施政亦光明正大，故有網開一面「失前禽」以及「邑人不誠」之象。占得此爻，自是「吉」兆。

上六：比之，无首。凶。

注釋 有些古本無「之」字，但之與首合韻，而「比之，无首」與初爻「比之，无咎」，兩者在內容與句式上都顯然有呼應關係，故應以有「之」字為是。

譯文 最上位，陰爻：親附他，丟了腦袋。凶險。

解析 在親附九五的衆陰中，以本爻為最後，即卦辭所謂「後夫」。爻居上位為「首」，上卦坎為隱伏，故「无首」。此爻以陰柔居卦之極，勢危而又下失其應，且以柔乘剛（據九五上），所為不順，似卦辭所說的「不寧方」，因此呈「凶」象。

九　小畜

䷈（乾下巽上）

本卦導讀——

如果有人相助，發展順利，便逐漸壯大成長。所以《比》卦後會繼以《小畜》卦。

《小畜》，卦義為小有所蓄，即略有積聚；畜，同蓄，積也，聚也。又義為畜養其小者；畜，養也。上下五陽，畜止一陰，故為小畜。因此卦名為《小畜》。

小畜：亨。密雲不雨，自我西郊。

譯文　《小畜》卦：順利。陰雲密佈，沒有下雨，從我西郊而來。

解析　卦體下乾上巽，乾為健，巽為遜（見《說卦》，下同），內剛健而外謙遜，故「亨」通。巽為風，乾為天，二至四爻互兌，兌為澤為水，水上於天，成「雲」，被風吹散，故「不雨」。兌為西方之卦，故「自我西郊」。若占得此卦，意味一切順利準備就緒，蓄勢待發，但尚未施行。

初九：復自道[1]，何其咎[2]？吉。

注釋　1 復：反。2 何其咎：其，語助詞，無義。咎，怨責，怪罪。

譯文　（自下而上）第一位，陽爻：從大路返回，又有何可責備的？吉利。

解析　初爻陽剛得位，居乾之始，乾為「道」，又為健為行，故「復自道」。本爻與六四剛柔相應，意味具沈實穩重之德，而外有奧援，故無咎而「吉」。

九二：牽復。吉。

譯文 第二位，陽爻：牽着〔牲畜〕返回。吉利。

解析 爻處乾體，乾為健行；乾又為馬，二至四爻互兑，兑為羊：故有「牽復」之象。本爻居陰失位，與上無應，但陽剛得中，故返回則「吉」。

九三：輿說輹（fù）[1]。夫妻反目。

注釋 1 輿：車子。漢帛《易》作「車」。說：通「脱」。輹：捆綁伏兔與車軸使牢固的繩索，又名車軸縛（《說文》）。一本作輻（fú 福），指連結車輞和車轂的直條。按，輹、目（均古音覺部）協韻，故應以作「輹」為是。

譯文 第三位，陽爻：車輪脱掉綁固車軸的繩索。夫妻反目失和。

解析 下乾陽卦為「夫」，上巽陰卦為「妻」，又為「多白眼」；九三雖得位，但剛而不中，且與上爻敵應：故「夫妻反目」。若占得此爻，宜平心靜氣，深自斂抑，爭取緩和矛盾；否則，必至拆夥收場。

六四：有孚[1]。血[2]，去惕出[3]。无咎。

注釋　1 **孚**：誠信。2 **血**：當作「恤」，憂也（《釋文》引馬融注）。3 **惕**：讀為「逖」（近音借字），遠也。《渙・上九》：「渙其血，去逖出。无咎。」可參照。

按，孚、咎協韻，血、出合韻，故如此標點。各本標點多誤。

譯文　第四位，陰爻：胸懷誠信。憂傷遠離。沒有禍患。

解析　此陰爻得位，與下有應，故「有孚」。而上承九五，以柔從剛，陰陽諧協，所以憂懼消除，得進抵順境。

九五：有孚，攣（luán）如[1]。富以其鄰[2]。

注釋　1 **攣如**：緊密關連、繫念不絕的樣子；如，形容詞詞尾。2 **以**：因。一說，及，連及，故《象》傳云：「不獨富也。」則句意為「帶挈他的鄰居一起致富」。

譯文　第五位，陽爻：胸懷誠信，緊密聯繫。由於他鄰居的關係而致富。

解析　九五陽剛居中得正處尊位，居巽體，下比於四，四乃巽之主爻，巽為利（《說卦》），因此「富以其鄰」。若占得此爻，宜聯同他人攜手創業，共同致富。

上九：既雨[1]，既處[2]，尚德載[3]。婦貞，厲。月幾（jī）望[4]，君子征[5]，凶。

注釋 1既：已。2處：止（《平議》）。3尚：還。德：通「得」。漢帛《易》、漢簡《易》、《集解》本均作「得」。載：乘。4幾望：近月中，即望日之前。幾，近，古本一作「近」。「望，月滿之名也，月大十六日，小十五日」（《釋名·釋天》）。5征：行。

譯文 最上位，陽爻：天下雨，雨停了，還得到車子乘載。占問婦女的事，危險。接近月中時，君子出行，凶險。

解析 《小畜》以陽畜陰，終於畜久成雨。上九居卦之極，失位，又與下無應，故雖雨止天晴，且有車子乘載，仍然出行有礙，不論婦人、男子，均有「厲」、「凶」不吉之兆。唐人詩：「出門即有礙，誰謂天地寬！」可作本爻注腳。

十　履　䷉（兌下乾上）

本卦導讀——

「倉廩實而知禮節，衣食足而知榮辱。」經過久蓄致富，國力提升，於是開始講求禮儀、禮法、禮義。《履》，卦義正是禮（《序卦》），即人所履之道；取上天下澤（乾☰為天，兌☱為澤），尊卑有序之象。漢帛《易》此卦即名《禮》。

又，卦義為踐履，動詞；又為鞋履，名詞。再由具體而抽象，引申指所作所為，便與「禮」相通。

履：〔履、〕虎尾[1]，不咥（dié）人[2]。亨。

注釋　1 參考楚簡《易》之《艮》卦例，本卦卦辭首字可能因與卦名相同，傳抄時被省去，今補上。以下《否》、《同人》、《艮》三卦情況與此同。2 咥：咬噬。按，履、尾、人協韻，故這樣標點。

譯文　《履》卦：踩着老虎尾巴，不咬人。順利。

解析　卦體下兑上乾，乾純陽至健，有「虎」象；兑為悦，在乾後，猶和悦躡剛強之後：故有「履虎尾，不咥人」之象。又兑為澤，乾為天，上天下澤，秩序井然，一切依禮行事；而九五陽剛居中得正履尊位，如君主帶給天下安寧：故「亨」通。

初九：素履[1]，往，无咎。

注釋　1 素履：素白色的鞋。履，鞋。《周禮・天官・屨人》有「素屨」，不加文飾。

譯文　穿着素白的鞋子前去。沒有禍患。

解析　初九在下，有「履」象。此爻陽剛得位，而與上無應，於是摒棄浮華，不受外界干擾影響，只以平常心行其素願。能夠如此，定然「无咎」。

九二：履道坦坦[1]。**幽人貞吉**[2]。

注釋　1 坦坦：平易之貌。2 **幽人**：幽居、隱退之人，亦可引申指低調處世的人；或指幽閉、幽囚之人。

按，道與初爻咎協韻，又坦、人、吉協韻，故這樣標點。

譯文　走在寬廣平坦的大路上。占問幽隱之人的事，吉利。

解析　若能敦睦守禮，講求信義，自然一切順暢，所謂「履道坦坦」便是如此。

六三：眇（miǎo）能視[1]**，跛能履**[2]**。履、虎尾，咥人**[3]**。凶。武人**[4]**，為于大君**[5]**。**

注釋　1 **眇**：指一目失明，或弱視。**能**：《集解》本作「而」，連詞。2 **履**：踐踏，行走。3 **咥**：咬噬。4 **武人**：武士，軍人。5 **為于大君**：猶「為大君」。「于」，介詞，表動作對象，可有可無，甲骨文多此例。為（wéi圍），做，充當。可能指西周厲王末年昏亂暴虐的事。或，為讀為（wèi衛），効力，祐助，如《論語・述而》：「夫子為衛君乎？」則句意為「武人輔助國君」。大君：天子，一國之君。

按，視、履、履、尾、人、人、君協韻，故這樣標點。

譯文 瞎掉一隻眼睛看東西，（怎看得清；）瘸了一條腿走路，（怎走得穩。）踩着老虎尾巴，老虎咬人。凶險。武夫當了國君。

解析 專橫暴虐的武人充當（或輔弼）國君，正是「老虎屁股摸不得」，終見害己害人而已。此爻不中不正，以柔乘剛（據陽爻上），所為不順，猶非其才卻處其位，居其職，逞其能，失禮無義，寡廉鮮恥，肆意妄為，殘害百姓，故前途必定凶險。

九四：履、虎尾，愬（sè）愬[1]。終吉。

注釋 1 愬愬：恐懼貌。

譯文 踩着老虎尾巴，怕得瑟瑟發抖。最後吉利。

解析 此爻亦不中不正，躡九五之後，有「履虎尾」之象。但剛居柔位，體巽（三至五爻），巽為遜順，能懷謙和戒懼之心，故終獲吉祥。

九五：夬（guài）履[1]。貞，厲。

注釋 1 夬：決也（《集解》引干寶注），分決，破裂。

譯文 穿破了鞋子。占問，危險。

解析 「夬履」又可理解為禮義殘缺。九五陽剛居中得正履君位，正擬大展拳腳，但乘、承皆陽（四、上爻），同性相斥，又下失其應，缺乏輔助、調協、制衡，遂至剛愎自用，陷入「夬履」的危機。此爻給自以為是、目無禮法（「禮」便是當時的法律）、一意孤行的掌權者敲響警鐘。

上九：視履[1]，考祥[2]。其旋[3]，元吉[4]。

注釋 1 履：踐行，引申指所作所為。2 祥：吉凶的徵兆。3 旋：還，返。4 元：極大、最大。

按，履、吉通韻，祥、旋合韻，故這樣標點。

譯文 審視所作所為，考察吉凶徵兆。返回去，極其吉利。

解析 上九處《履》之終，可回顧以往之行事，而察其善惡吉凶休咎，故須「視履，考祥」。若占得此爻，意味大功告成，須及時回頭，不可再盲目前闖。

十一　泰

☷☰（乾下坤上）

本卦導讀——

社會足食足兵，進而講求禮義，物質與精神生活建設同臻善境，於是天地和融，萬物暢通，國家進入太平盛世時代。這便是《泰》卦向人們展示的美好景況。

《泰》，卦義為通達暢順。卦體上坤☷下乾☰，乾為陽為天，坤為陰為地，地氣上騰於天，天氣下降於地，成天地相交之象。天地陰陽二氣絪縕交接，意味必有好的變化發生，而令一切暢達無礙，故卦名為《泰》。

在「十二消息卦」中，為代表正月初春、陽氣漸盛、萬物甦生季候之卦。

泰：小往，大來。吉，亨。

譯文　《泰》卦：小的去，大的來。吉祥，順利。

解析　下乾，上坤，乾為陽為「大」，坤為陰為「小」，自上而下稱「來」，自下而上稱「往」，故「小往，大來」。下卦為內，上卦為外，卦象內陽外陰，內健外順，內君子而外小人，表明君子道長，小人道消，故「吉，亨」。

初九：拔茅茹（rú）[1]，以其彙[2]。征[3]，吉。

注釋　1 茹：茅根。2 以：及，連及。彙：類，種類。3 征：遠行；或征伐。

按，茹、彙協韻。或點作「拔茅，茹以其彙」，非是。

譯文　（自下而上）第一位，陽爻：連根拔茅草，牽引及同類。征行，吉利。

解析　初爻在下，故以根莖為言。此爻得位，與六四有應，故「征」行則「吉」。

九二：包（páo）荒[1]，用馮（píng）河[2]，不遐遺[3]。朋亡[4]。得尚（dǎng）、于中行（háng）[5]。

注釋 1 **包**：讀為匏，葫蘆（《類篹》、《今注》）。古代把掏空的葫蘆瓜曬乾，用作浮水的工具。**荒**：虛，空；大。2 **馮河**：徒涉。馮，陵，超越。《詩．小雅．小旻》：「不敢馮河。」3 **不遐**：不可，上古常語；遐與可，音近字通。《詩．大雅．抑》：「不遐有愆。」**遺**：失，棄。4 **朋**：朋貝，古代貨幣；一說謂朋友。5 **尚**：此讀為「黨」，指友朋，伴侶，或志同道合、熱心相助之人；作動詞則釋為祐助。此詞在《易經》共出現四次，義同。**中行**：猶中路、中道，指道路中間；或半路中途。行，道路。

按，荒、亡、尚、行協韻，故應如此標點。諸本斷句、釋義多有誤。

譯文 第二位，陽爻：葫蘆空又大，用來渡河，不可拋棄。丟失了錢。在中途會得友人相助。

解析 爻意顯示：當需要的時候，自會有外來援手助你解決麻煩，渡過難關。

九三：无平，不陂（pō）[1]；无往，不復[2]。艱貞[3]，无咎。勿恤[4]，其孚[5]，

于食、有福[6]。

注釋 1陂：傾斜，不平。2復：返。3艱：難。4恤：憂。5其：連詞，表條件。孚：信。6食：指飲食、俸祿等。

按，平、貞、恤合韻；陂，往合韻，復、咎、孚通韻；食、福協韻，故應這樣標點，諸本多誤。

譯文 第三位，陽爻：沒有平地全無起伏的，沒有前行而不返回的。占問艱難的事，沒有禍患。不必擔憂，只要保持誠信，定有飲食之福。

解析 三爻處乾末，已居《泰》卦之半，行將向《否》方轉化，因而出現種種波折，不過結果仍佳。若占得此爻，會遇到些困難曲折，但只要堅定信心，秉持美德，自有後福。

賞析與點評

「无平不陂；无往不復。」

這是蘊含辯證思想的充滿睿智之言。事物總是由具有矛盾性質的不同元素構成（比如「平」和「陂」，「往」和「復」），交融互滲，對立统一（「平」中有「陂」，「往」必有「復」）。在一定條件下，各元素的地位、作用會產生不同變化，而事物的性質、狀況就依隨相應的變化不斷更新發展（或「平」或「陂」，或「往」或「復」）。所以，沒有永恆之物，也沒有「絕對」與「唯一」。我們的先人在數千年前對世界就有如此精微、深刻、透徹的認識，並能用這樣精妙簡潔的語言加以表達，實令人不能不由衷敬佩，拍案叫好，並且引以為傲。

六四：翩翩[1]。不富、以其鄰[2]。不戒[3]，以孚[4]。

注釋 1 **翩翩**：飛翔貌。喻指漫不經心、天真無知的樣子；或輕佻儇薄的態度。2 **以**：因。或釋為「及」、連及，則句意為「不帶挈他的鄰居一起致富」。3 **戒**：戒備、提防。以：而；連詞。4 **孚**：信。

按，翩與鄰，富與戒分別協韻，故應這樣標點。諸本多誤。

譯文 第四位，陰爻：飄飄然四處遊逛。由於他鄰人的關係而不能致富。不加防範，而輕信於人。

解析 爻辭活畫出一個涉世未深、輕信別人的小青年的形象。此爻雖陰柔得位，與初九相應，但《泰》已過其半，漸向逆境轉化，如不引起警覺，很易招致損失。

六五：帝乙[1]，歸妹[2]。以祉（zhǐ）[3]，元吉[4]。

注釋 1 **帝乙**：又稱文武帝乙，商紂王之父，與西伯姬昌（周文王）同時。2 **歸妹**：嫁女。歸，女子出嫁；妹，少女的通稱。3 **以**：有。《楚辭·九辯》：「君之門以九重。」**祉**：福。4 **元**：極大、最大。

按，乙、吉，妹、祉合韻，所以這樣標點。

譯文 第五位，陰爻：帝乙嫁女。有福氣，極其吉利。

解析 六五柔得中履尊位，有「帝乙」之象；下應於二，二體兑（二至四爻），為少女；故「帝乙歸妹」。

賞析與點評

「帝乙歸妹。」

從古至今，不論中外，不同國族之間的王室聯姻，幾乎百分百都是一種各有盤算的政治行為。以中國來說，唐代的「昭君出塞」便是家喻戶曉的事例。而最早開風氣的可能要算《周易·泰卦》提到的「帝乙歸妹」了。帝乙是商王朝的國君，天下諸侯的共主，為甚麼要把女兒下嫁到「小邦周」——西方一個諸侯小國呢？原來周當時雖是商朝的附庸、臣屬，但「邦主」姬昌（後來的周文王）卻已成一方統領，在西方眾諸侯中有相當高的威望，並顯露出東向發展的勃勃雄心，所以聯姻之舉既是懷柔籠絡，也是一種羈束、控制手段。《詩經·大雅·大明》篇，描寫文王娶於大邦（商）的情景，正就是「帝乙歸妹」的故事。

上六：城，復于隍（huáng）[1]。勿用師[2]，自邑、告命[3]。貞，吝[4]。

注釋

1 復：通「覆」。隍：護城的外壕。《說文》：「隍，城池也；有水曰池，無水曰隍。」2 師：軍隊。3 邑：此指都城。告命：《集解》引九家：「告命者，……宣佈君之命令也。」4 吝：難。

按，城、隍、貞合韻，師、命通韻，邑、吝合韻，故這樣標點。

譯文

最上位，陰爻：城牆倒塌在外壕裏。從都城傳來命令：不可用兵作戰。占問，有困厄。

解析　上六居陰得位，又與三爻有應，但《泰》已至極，《否》將來臨，故宜守不宜攻，因有「勿用師」之命令。如占得此爻，要有面對重大困難和逆境的心理準備。

賞析與點評

「否極泰來。」

《泰》和《否》恰似一對冤家對頭：你說好來我說醜。《泰》基本上是如意吉祥的一卦，所以好些善頌善禱的成語、諺語都牽涉到它，比如「國泰民安」、「三陽開泰」（卦體下面是三支陽爻）、「身心康泰」等等。《泰》是通達暢順，而《否》（pǐ 痞）則是閉塞不通，義正相反。《泰》卦發展到頂點，意味好運完結，情況便開始逆轉；反之，《否》卦差劣到極端，霉氣盡出，境況又會重新變好。恰如股市中，當牛市狂升，升至巔峰，便見「熊」蹤隱現；而到熊市直插谷底時，又預示新的牛市快要誕生。英國詩人雪萊（1792－1822）《西風頌》的名句：「冬天到了，春天還會遠嗎？」（If Winter comes, can Spring be far behind ? —— P.B. Shelley, British poet）說的也是「否極泰來」的道理。

十二 否

(坤下乾上)

本卦導讀——

《否》，卦義為阻隔、閉塞；壞劣、不善。與《泰》互為「倒卦」，義亦相反。

卦體上乾☰下坤☷，坤為陰為地，乾為陽為天，天氣上升而不下降，地氣下沉而不上升，天地隔絕，陰陽二氣互不交接，萬物凝滯不通，亦猶君臣、官民上下阻隔，無法溝通，則邦國難以治理，天下必亂，所以卦名為《否》。

在「十二消息卦」中，為代表七月初秋、暑盡寒生、陰氣漸盛、萬物步入蕭條零落季候之卦。

否（pǐ）：〔否〕之匪人[1]。不利君子貞。大往，小來。

注釋　1 此卦可能如《履》卦般，因卦辭首字與卦名相同而省去，今補上。否：由閉塞不通，引申為惡劣、不善；此用作動詞，指作惡，幹壞事。之：用同「於」；這裏表被動關係。匪人：注見《比・六三》：「比之匪人。」

譯文　《否》卦：被壞人胡作非為。不利於占問君子之事。大的去，小的來。

解析　全卦下坤上乾，下為內卦，上為外卦，坤為柔為小人，乾為剛為君子，卦象內陰外陽，內柔外剛，內小人而外君子，表明小人道長，君子道消，「匪人」當道，弄權於內，為非作歹，故「不利君子貞」。

初六：拔茅茹，以其彙[1]。貞，吉，亨。

注釋　1 拔茅茹，以其彙：注見《泰・初九》。

譯文　（自下而上）第一位，陰爻：連根拔茅草，牽引及同類。占問，吉祥，順利。

解析　初爻在下，故以根莖為言。此爻以陰居陽，失位，然處《否》之初，其惡未顯，且與九四剛柔相應，故仍呈「吉」兆。

六二：包承[1]。小人吉，大人否（fǒu）[2]。亨。

注釋　1 包：裹。承：通「脀（zhēng 蒸）」，放在鼎、俎（盛祭品之器物）中的熟肉（《今注》）。2 否：不。漢帛《易》、漢簡《易》均作「不」。

譯文　第二位，陰爻：包裹俎肉。小人吉利，大人不吉。順利。

解析　此陰爻得位，上應九五，陰為小人，故「小人吉」。當《否》之時，陰長陽消，小人得志，對「大人」而言自然「不吉」。幸而六二居中得正，能行中正之道，故結果仍「亨」通。

六三：包羞[1]。

注釋　1 羞：美味的食物。甲骨文作以手持羊會意。

譯文 第三位，陰爻：包裹美食。

解析 此爻陰居陽位，不中不正，但與上九有應，其爻辭內容與六二相近，故應當也是否中帶亨之兆。

九四：有命[1]。无咎。疇（chóu）離（lì）祉[2]。

注釋 1 命：命令。2 疇：類，指同僚、同伴等。一說，誰（《爾雅・釋詁》）；疑問代詞。問誰人可得福祉。離：通「麗」；附着，得到。祉：福。

譯文 第四位，陽爻：有命令頒下。沒有禍患。同儕也一起得福。

解析 本爻失位，幸與初六有應，陰陽諧協，故「无咎」。「疇離祉」，指下三陰爻共蒙受上乾之福祉。

九五：休否（pǐ）[1]。大人吉。其亡[2]，其亡！繫于苞（bāo）桑[3]。

注釋 1休：息，使停止。否：此指壞人及其惡行（參卦辭）。2其：副詞，表將然。3苞桑：叢生之桑。苞，草木叢生貌。

譯文 第五位，陽爻：制止壞人作惡。大人吉利。快滅亡了，快滅亡了！（國家命脈已危在旦夕，就如）繫於桑樹叢的枝條上。

解析 由於壞人當道，國家已瀕臨滅亡邊緣，王朝命脈就如繫於叢桑的枝條上那樣「岌岌乎殆哉」（按，當時是農業社會，故以日常習見的「苞桑」設喻），所以必須撥亂反正，終止壞人的統治。

《否》至於五，行將終盡，故呈「休否」之象。此爻陽剛中正履尊位，為「大人」，下應六二，故「吉」。

賞析與點評

「其亡，其亡！繫于苞桑。」

這是振聾發聵的警世之音，歷數千年猶在耳邊迴響——「平津危急，華北危急，中華民族危急！只有實行全民族的抗戰，才是我們唯一的出路！」那發表在二十世紀三十年代抗日戰爭烽火連天時期的文告，與它真是何其相似乃爾。所以每年的「九·一八」，在神州大地上，都有汽笛、警鐘長鳴。

還有另一種解釋見於《繫辭・下》：「子曰：……是故君子安而不忘危，存而不忘亡，治而不忘亂，是以身安而國家可保也。《易》曰：『其亡，其亡，繫于苞桑。』」意思是：「快滅亡了，快滅亡了！（只有常懷此憂念，居安思危，治不忘亂，國家命脈才會）如繫縛在桑樹叢那麼牢固。」這樣釋讀其實比較迂曲，不過，倒也合乎孔子「以德義為先」的解《易》特點，故歷來為許多人所接受。亦可備一說。

上九：傾否（pǐ）[1]。先否（fǒu）[2]，後喜。

注釋　1 傾否：否讀如痞，指壞人、惡行；2 先否：否讀如缶，注見二爻。

譯文　最上位，陽爻：推翻作惡的壞人。起先情況不妙，後來喜獲成功。

解析　上九陽剛居卦極，有力「傾」覆其「否」。《否》已盡則《泰》將來，故呈「後喜」之兆。

十三 同人

䷌（離下乾上）

本卦導讀——

要扭轉形勢，促進早日「否極泰來」，就必須萬眾一心，共同奮鬥，所以《否》卦後要接以《同人》卦。全卦強調協同眾力，重點談軍隊，從備戰演練開始，到凱旋祝捷結束。「門」、「宗」、「陵」、「墉」、「郊」，取象由近及遠，爻位亦由下而上，層次井然。

《同人》，卦義為聚集衆人；進而和同於人，令彼此志同道合，團結一致。卦體上乾☰下離☲。乾為天，離為日，有天日同明之象；又離為火，天體在上，火亦向上，取向相同；九五陽剛居中得位，六二陰柔居中得位，上下卦中爻剛柔相應，意味上下同心：故卦名《同人》。

同人：〔同人、〕于野[1]。亨。利涉大川[2]。利君子貞。

注釋　1參楚簡《易》之《艮》卦例，此卦卦辭首兩字可能因與卦名相同，傳抄時被省去，今補上。同：合會，聚集；引申為協同、和合。野：邑外謂之郊，郊外謂之牧，牧外謂之野（《爾雅・釋地》）。2涉大川：喻涉險難，成大事（參《需》卦）。

按，人、川、貞合韻，野、亨通韻，故這樣標點。

譯文　《同人》卦：在野外聚集眾人。順利。利於涉渡大河。利於占問君子的事。

解析　卦中唯六二一陰，上下五陽與之相友善，有「同人」聚眾之象。下離為內卦，上乾為外卦，離為文明，乾為剛健，內文明而外剛健，合乎君子之道。剛健則能行，同心則易濟，故「利涉大川」。

初九：同人、于門[1]。无咎。

注釋　1門：指王門。《周禮・地官・大司徒》：「若國有大故，則致萬民於王門。」鄭注：「大故，謂王崩及寇兵也。」

按，人、門合韻，故點斷。

譯文 在門前聚集衆人。沒有禍患。

解析 初爻在下，稱「門」；二爻稱「宗」，漸次深入。本爻陽剛得位，近比六二，陰陽諧協，故「无咎」。

六二：同人、于宗[1]。吝[2]。

注釋 1 宗：祖廟（《說文》）。2 吝：困難，不順利。

按，人、吝合韻，故點斷。

譯文 在宗廟聚集衆人。有困厄。

解析 爻辭說在宗廟前行「大蒐」之禮（參《西周史》），是出兵前的檢閱與演練。帛書《二三子》引孔子曰：「此言其所同唯其室人而已，……故曰貞『吝』。」

九三：伏戎于莽[1]，升其高陵[2]。三歲不興[3]。

注釋　1 戎：兵，指武器，或軍隊。莽：草叢或樹叢。2 陵：山丘，高地。3 三歲：數年；三為虛數。興（平聲）：起。

譯文　在叢莽中埋伏軍隊，登上那高丘。數年不能興兵。

解析　「三歲不興」，說明敵強我弱，只可固守，無法揮兵進擊。

九四：乘其墉（yōng）[1]，弗克攻[2]。吉。

注釋　1 乘：升，登。墉（音庸）：城牆。2 弗：不。克：能，原指客觀可能；這裏表主觀意願。

譯文　登上那城牆，卻不發動進攻。吉利。

解析　《孫子》云：「不戰而屈人之兵，上之上者也。」有似於此。

九五：同人，先號咷（háo táo）[1]，而後笑。大師[2]，克相遇[3]。

注釋 1號咷：啼呼。2師：眾；此指軍隊。3克：能。

按，人、師通韻，咷、笑、遇合韻，故這樣標點。

譯文 衆人起初嚎啕大哭，後來破涕為笑。大軍終能勝利會師。

解析 九五陽剛居中得正處尊位，下應六二，有同心之象。若占得此爻，將會反敗為勝，轉禍得福，先悲後喜。

賞析與點評

「二人同心，其利斷金。」

這是孔子對《同人》九五爻辭意義的闡發。原文見《繫辭・上》：「二人同心，其利斷金；同心之言，其臭如蘭。」譯文：「兩個人如果一條心，其作用可以截斷堅剛的金屬；同心同德的說話，有如蘭草一樣芬芳。」（利，指合力所發揮的效能、作用。臭，是指氣味。）這番話的前半後來變為成語，高度讚揚團結的力量。意思是：只要人們同心協力，就可以無堅不摧。俗諺有云：「三人一条心，黄土變成金」；「人心齊，泰山移」；「眾人拾柴火焰高」；或古語所謂「一箭易折，十箭難斷」等等，都有類似的意義。

上九：同人、于郊[1]。无悔。

注釋 1 同人于郊：指戰後祝捷致祭。

譯文 在郊外聚集衆人。沒有悔恨、煩惱。

解析 爻居上位，故曰「郊」，偏遠之謂。上九以陽剛居《同人》之極，意味極度同心，所以「无悔」。

十四　大有

☲☰（乾下離上）

本卦導讀——

「二人同心，其利斷金。」何況眾人乎？更何況舉國上下乎？能夠萬眾一心，共同致力，自然兵強國富，物阜年豐，無所不有。所以《同人》之後會接以《大有》卦。

《大有》，卦義為廣大包容，所有者多。又指大豐收、大富有。卦體上離☲下乾☰，離為火為明，乾為天，呈火在天上，光明普照四方之象，也是無所不包之意；又卦體六五一陰處尊位、君位，而上下五陽與之剛柔相應，有廣納兼容之象：故卦名《大有》。

大有：元亨[1]。

注釋　1 元：極大、最大。亨：通。

譯文　《大有》卦：極其順利。

解析　下卦乾為剛健，上卦離為文明，內剛健而外文明。有此剛健文明之德，能順天應時而行，必定無處不通，無往不順。

初九：无交害[1]，匪咎[2]。艱則无咎[3]。

注釋　1 交：交互。2 匪咎：不成其咎。匪，非；咎，災害，禍患。3 則：而；表轉折。

譯文　（自下而上）第一位，陽爻：不互相為害，便不成禍害。遭遇艱難也沒有禍患。

解析　初九陽剛得位，而失應於四，既無「交利」，幸亦無「交害」。故能安度困難。

九二：大車、以載[1]，有攸往，无咎。

注釋　1 **大車**：牛車（《正義》）。一說，大夫之車。**載**：乘坐；或裝運。
按，車、往通韻，載、咎合韻，故這樣標點。

譯文　第二位，陽爻：用大車乘載，有所往，沒有禍患。

解析　本爻陽剛得中，而位不當，但與六五有應，故可安心前往。

九三：公用亨于天子[1]**，小人弗克**[2]**。**

注釋　1 **用**：助詞，表動作的實施、進行。**亨**：通「享」、「饗」，宴飲。一說，獻，致貢；則句意為「公侯向天子朝貢」。2 **弗**：不。**克**：能。

譯文　第三位，陽爻：公侯受天子宴饗，小民不可能。

解析　本卦諸陽爻皆應於六五，五為君為天子；三為臣，得位，處兌體（三至五爻），兌為口：故受天子宴饗。

九四：匪其彭（bāng）[1]**。无咎。**

注釋 1匪：通「斐」，文彩貌。其彭：猶彭彭，聲容壯盛的樣子。

譯文 第四位，陽爻：文彩斐然，聲容美盛。沒有禍患。

解析 此爻處上卦離之始，離為文明，故有斐然美盛之象。

六五：厥孚交（jiǎo）如[1]，威如[2]。吉。

注釋 1厥：第三人稱代詞。孚：信。交如：顯明的樣子。交，讀為「皎」，明貌；如，形容詞詞尾。2威如：威嚴的樣子。

譯文 第五位，陰爻：他信譽昭著，又有威儀。吉利。

解析 全卦以六五一陰獨居尊位、君位，上下五陽爻皆敬而應之，故有此威儀。

上九：自天、祐之[1]。吉，无不利。

注釋 1祐：神助。

按，天、吉、利通韻，故這樣標點。

譯文　最上位，陽爻：上天庇祐他。吉祥，無所不利。

解析　上九陽剛居《大有》之極，近比六五，陰陽相得；五為天位、君位，得其祐助，故：「吉，无不利。」

十五　謙

䷎（艮下坤上）

本卦導讀——

不論是個人、地區或團體、國家，到興旺發達之時，待人接物，更須講信修睦，虛懷禮讓，廣結善緣，切不可像暴發戶那樣鼻孔朝天，盛氣凌人，不可一世。因為正如《謙》卦《彖》傳所言：「天道虧盈而益謙，地道變盈而流謙，鬼神害盈而福謙，人道惡盈而好謙。謙，尊而光，卑而不可逾，君子之終也。」謙虛厚道，禮讓和氣，處處得人歡喜，連鬼神都會庇護你。反之，便會落得神憎鬼厭的下場，後果當然不妙。

《謙》，卦義為謙遜，退讓。卦體上坤☷下艮☶。坤為地，艮為山，山在地底，有以高下卑，降己升人之象；又地中有山，為卑下中蘊含崇高之象：故卦名為《謙》。

謙：亨。君子有終[1]。

注釋　1亨：通。有終：有圓滿結局（參《坤・六三》）。

譯文　《謙》卦：順利。君子有好結果。

初六：謙謙[1]。君子，用涉大川[2]，吉。

注釋　1謙謙：謙而又謙。形容詞重疊，表程度加深。2用：以；介詞，表方式、憑藉。

按，子、川合韻，故這樣標點。

譯文　（自下而上）第一位，陰爻：非常謙虛。君子以此態度涉渡大河，吉利。

解析　二至四爻互坎，坎為水為「大川」，初爻臨此水險，而有謙謙之德，必可安然涉渡。

賞析與點評

「謙謙君子。」

甚麼是「謙謙」之德？文中表示，一定要虛懷若谷，保持寬宏大量的謙和態度，還應樂於助人，與人為善，處處為人着想。……當然，那都是「君子」人格的應有之義。但還有另一重要方面，就是面對罪惡時的取態。對怙惡不悛者，到底是畏避退縮，姑息養奸，還是挺身而出，「征討不義」？文中也給出明確答案，就是：不僅須義正詞嚴地加以聲討，還要訴諸行動，嚴懲不貸。這就把「君子」的人格提升至令人崇敬、景仰的更高層次。

必須具備所有這些優良品德，才配稱為真正的「謙謙君子」。

六二：鳴謙[1]。貞，吉。

注釋　[1]鳴：通「名」（《廣雅．釋詁》），有名氣。

譯文　第二位，陰爻：有聲望而又謙虛。占問，吉利。

解析　此爻柔居中得正位，有中正之心，與謙遜之德正相一致。

九三：勞謙[1]。君子有終[2]，吉。

注釋 1 勞：功。2 有終：注見卦辭。

譯文 第三位，陽爻：有功勞而又謙虛。君子有好結果，吉利。

解析 九三體坎（二至四爻），坎為勞；又甘居衆陰爻下，呈「謙」象：故「勞謙」。此爻以陽居陽，位當，與上六剛柔相應，故「吉」。

六四：无不利。撝（wēi）謙[1]。

注釋 1 撝：讀為「為」，有施行、施予之意。《老子》：「為而不恃。」謂有施於人，而不居德自恃，與此「撝謙」意同（參《今注》）。

譯文 第四位，陰爻：無所不利。樂於助人而又謙虛。

解析 本爻居陰得位，既樂於助人，又謙而自處，故「无不利」。

六五：不富、以其鄰[1]。利用侵（寢）伐[2]，无不利。

注釋　1 不富以其鄰：參《泰·六四》。2 用：于（於）。侵：《釋文》引作「寑」，止息。

按，富字入韻，故點斷。

譯文　第五位，陰爻：由於鄰人的關係不能致富。利於停止攻伐，無所不利。

解析　若近鄰有不是，也應以和為貴，不可輕啟戰端。須知「兵者，凶器，聖人不得已而用之」也。

上六：鳴謙[1]。利用行師[2]，征邑國[3]。

注釋　1 鳴謙：注見二爻。2 利用：楚簡《易》作「可用」。行師：遣兵作戰；師，軍隊。3 征：征伐。《書·胤征》孔傳：「奉辭伐罪曰征。」邑：此指城邑，或卿大夫的封地。國：指諸侯國。

譯文　最上位，陰爻：有聲望而又謙虛。利於出兵，征討（不義的）城邑、邦國。

解析　前面一直積極主張要虛懷禮讓，樂助他人，到此爻終於出手，但嚴格限於「奉辭伐罪，征討不義」，說明對罪惡絕不姑息手軟，所以，這不但沒有違背「謙謙」之德，而且令「君子」的人格更趨完整，達到更理想的境界。

賞析與點評

「滿招損，謙受益。」

常言道：「滿招損，謙受益。」這古訓正來自《易經》。《益》卦本來明明說得益之事，但最後一爻卻竟然是「凶」，就是因驕矜自滿而遭到孤立、打擊，招致重大損害。也難怪，幸運之人多順境，久而久之，便忘乎所以，視作當然，最後頭腦發熱，放棄自我修為，以為「天生我才」，可以想做就做，定必路路暢通。結果泡沫爆破，終於噩夢來臨。……無論古今中外，也無論軍、政、財、文、體、藝哪一行業、事業，以至社會人生的方方面面，從來都不乏「欲益反損」、「驕兵必敗」的深刻教訓。反之，我們看《謙》這一卦，崇尚的都是謙遜禮讓，助人為樂，功成不居，為人設想，以和為貴，但又絕不姑息縱惡……種種美德，結果全卦六爻，每一爻都是吉利的，這在《易經》全部六十四卦中可說絕無僅有。兩相對照，其用意所指何在，實在明白不過，毋庸贅言了。

十六　豫

䷏（坤下震上）

本卦導讀——

《豫䷏》與《謙䷎》為倒卦，義亦相反：《謙》退讓而《豫》不遜；《謙》謙虛而《豫》自大。驕縱自大的另一極端，便是逸樂怠惰，故《雜卦》說：「豫，怠也」。

卦體上震☳下坤☷。震為雷，坤為地，有雷出地奮之象。雷聲震野，驚嚇萬方，顯得驕橫自大；但雷既出地震動，萬物被陽氣而生，皆安逸和樂而懶洋洋：故卦名為《豫》。本卦卦辭取強橫盛大之意，而各爻辭則與豫樂有關。

豫：利建侯[1]，行師[2]。

注釋　1建侯：冊封諸侯。2師：軍隊。

譯文　《豫》卦：有利於封立諸侯，行軍作戰。

解析　震為雷為君侯（參《屯》卦），有用武殺伐之象，而坤為師衆，又為順；上下卦陰陽相孚，順勢而動：故「利建侯，行師」。

初六：鳴豫[1]，凶。

注釋　1鳴：名（參《謙・六二》）。豫：樂，怠。

譯文　（自下而上）第一位，陰爻：有聲望而耽於逸樂，凶險。

解析　初爻陰居陽位，位不當，有如一開始即追求逸樂，故「凶」。

六二：介于石[1]，不終日。貞，吉。

注釋　1 介：舍止，休息。

譯文　第二位，陰爻：躺在石上休憩，（縱然）不滿一天（，也很愜意）。占問，吉利。

解析　能够躺在磐石上自由自在地舒展養息一番，儘管時間不長，亦一樂也。

二爻以柔居中得正位，所以「吉」。

賞析與點評

「介于石，不終日。」

此爻以往有另一種解釋：「堅硬如石，不可維持一天。」因「介」字另本又作「砎」（《釋文》），硬也，所以可作那樣理解。《老子》云：「飄風不終朝，驟雨不終日。」可知待人處事，必須剛柔並濟，既講原則，又要靈活變通，方能收到良好效果；若永遠堅持強硬、僵化的不妥協態度，缺乏靈活性，到頭來只會處處碰壁而已。又或者説，做人整天繃着面孔，老是機械式、緊張兮兮地過生活，有何樂趣？故云「介于石，不終日」。《繫辭・下》引孔子曰：「……介如石焉，寧用終日？斷可識矣。君子知微知彰，知柔知剛，萬夫之望。」正申其意。

六三：盱（xū）豫[1]，悔；遲有悔[2]。

注釋 1 盱：一作「盱」，通「旭」，日始出，指清晨。漢簡《易》盱字作「歌」，楚簡《易》作「可」，亦通歌（韻同聲近），則句意為歌詠作樂。2 遲：晚。有：通「又」。悔而又悔，表示極度懊悔。

譯文 第三位，陰爻：大清早便尋歡作樂，會悔恨；其後再生悔恨。

解析 爻辭說因過早耽於逸樂而生重重悔恨。六三陰居陽位，不中不正，且與上無應，所以悔恨不迭。

九四：由豫[1]，大有得[2]。勿疑，朋盍（hé）簪[3]。

注釋 1 由：讀為「逐」（上古音近可通），追也；此指馳逐田獵之事。《大畜．九三》「良馬逐」，楚簡《易》作「良馬由」，可證。2 大有得：所得甚豐。3 盍：合。簪：另本作「戠」（zhì 志），聚會也，可從；得、疑、戠通韻。又，或釋為：此爻一陽貫五陰，如簪之束髮，比喻友朋會合。亦可通。

譯文　第四位，陽爻：耽於遊獵之樂，大有所獲。不必疑慮，朋友會聚一起。

解析　九四是卦中唯一陽爻，體剛心直，上下五陰爻順而附之，陰陽諧協，故呈「大有得」、「勿疑」、「朋盍簪」之象。

六五：貞疾，恆不死[1]。

注釋　1 恆：常，長久。按，疾、死通韻，故應如此標點。或以「疾恆」連讀，釋為病久（如《周易古經今注》、《通義》等）者，非是。

譯文　第五位，陰爻：占問疾病，長久不會死去。

解析　六五爻居中位、尊位，能行正中之道，而上卦震為「反生」（見《說卦》），故「恆不死」。病而不死，自然也算得上是可「樂」之事。

上六：冥豫[1]。成有渝[2]。无咎。

注釋 1 冥：幽，夜晚。2 有：又（楚簡《易》）。渝：變。

譯文 最上位，陰爻：夜裏尋歡作樂。功成復生變故。沒有禍患。

解析 六三「盱豫」，上六「冥豫」，一早一晚，相對而言。此爻雖有「成」，但日夜貪圖享樂，其成功亦勢難持久。若占得此爻，暫可無患，但長此以往，慎防「死於安樂」。

十七　隨　䷐（震下兌上）

本卦導讀——

這一卦談的是行動準則的問題：只要依循客觀情況的許可或需求，當時機或危機出現時，隨時而動，隨機而動，隨緣而動，便自會有所得。反之則否。

《隨》，卦義為跟從，相隨。卦體下震☳上兌☱。震陽卦，兌陰卦，震為動，兌為悅，震處兌下，即剛來下柔，動而喜悅，有樂於相隨之象；又震為長男，兌為少女，有男女相從之象；又震為春天之卦，兌為秋天之卦，春秋相繼，有季節循環之象：故卦名為《隨》。

隨：元亨[1]，利貞。无咎。

注釋　1 元：極大、最大。亨：通。

譯文　《隨》卦：極其順利，利於占問。沒有禍患。

解析　下卦為內，上卦為外，內外卦陰陽相得，動而喜悅，如男女相從，又像四季循環，生生不已，自然一切暢順無礙。

初九：官有渝[1]。貞，吉。出門交[2]，有功[3]。

注釋　1 官：古「館」字，《釋文》引另本正作「館」。有：又。渝：變。此指傾圮毀壞。2 交：交往，結交。《論語・學而》：「與朋友交而不信乎？」3 功：成，謂果效。

按，交字入韻，故點斷。

譯文　（自下而上）第一位，陽爻：館舍又再毀壞。占問，吉利。出門與人交往，有成效。

解析　因館舍損壞，被迫出門，可算隨機而動，果然有所獲。

六二：係小子，失丈夫[1]。

注釋

1 係：縛。小子：小孩子。丈夫：指成年男子。《廣雅・釋親》：「男子謂之丈夫。」

按，這裏小子、丈夫似皆指俘虜。

譯文

第二位，陰爻：綁住小孩，走失了漢子。

解析

兩事相隨發生，有一定關連性。正是「撿了芝麻丟了西瓜」，得者小而失者大。

六三：係丈夫，失小子。隨有求[1]，得。利居貞。

注釋

1 隨：跟從。求：索，搜尋。

按，夫、子、求、得協韻，故這樣標點。

譯文

第三位，陰爻：綁住漢子，走失了小孩。追蹤前去找尋，會得到。利於占問居處的事。

解析

此爻與六二相反：得者大而失者小；而且最後連小者亦經搜尋而得回，實際並無甚麼損失。

九四：隨有獲。貞，凶。有孚[1]，在道、以明（méng）[2]，何咎？

注釋　1孚：信。2明：讀為「盟」（《新證》），在神前盟誓。

按，孚、道、明、咎協韻，故這樣標點。

譯文　第四位，陽爻：追蹤前去會有所獲。占問，凶險。胸懷誠信，在路上結盟，又有何禍患？

解析　此爻以陽居陰，位不當，下無應援，又處兑體中，兑為毀折，故呈「凶」兆。但如果能在途中締結盟約，則或可免禍。

九五：孚于嘉[1]，吉。

注釋　1孚：讀為「符」，指符合、相應。嘉：美，善。這裏指美善之人或事，作名詞。又，孚若讀為「俘」，指俘獲，則「嘉」為方國或地名。句意謂在嘉地有俘獲。可備一解。

譯文　第五位，陽爻：親和應合於好人、美事，吉利。

解析　能夠擇善而從，與美善之人、事相依隨，結盟好，當然吉利。九五陽剛中正處尊位，下應六二，故有「孚」於「嘉」美之「吉」象。

上六：拘係之[1]，乃從維之[2]。王用亨于西山[3]。

注釋　1 拘：執，捉住。係：縛。2 乃：又。從：隨後，接着。維：繫，連結。3 王：周人自文王姬昌、武王姬發起稱王。用：動態助詞，表動作之實施、進行。亨：通「享」，指享祀。西山：指岐山，在今陝西省境，為周民族重要發祥地；在周都豐、鎬以西，故稱。《升·六四》：「王用亨于岐山。」可見周人常有岐山之祭，以示不忘所自。《詩·周頌·天作》篇便是祭祀岐山的樂歌。

譯文　最上位，陰爻：拘捕捆綁他們，隨後連成一串。君王向西山獻祭。

解析　郭沫若《中國古代社會研究》認為：本辭「似言用人牲供祭，……『拘係之』與『從維之』之『之』，非上文之小子即丈夫」。這種用活人獻祭的儀式，甲骨文多有記載，極不人道。

十八 蠱 ䷑（巽下艮上）

本卦導讀——

小至個人、家庭，大至社會，各有各的難題。如果發生事故，便須整頓，治理。本卦主要闡述處理各種事務的問題。

卦名《蠱》（gǔ 古），其字通「故」，義為事；又特指淫亂或敗壞之事，故《左傳．昭公元年》云：「女惑男，風落山，謂之《蠱》。」卦體上艮☶下巽☴。艮為山，巽為風，山下有風，物皆散亂；又巽為長女，艮為少男，有「女惑男」之象：故卦名為《蠱》。

而亂極則思治，故卦義又為整飭治理其事（見《雜卦》及韓注）。艮為止，屬陽卦，性剛，巽為遜，屬陰卦，性柔；上剛而靜止，下柔而謙遜，正便於指揮調度，進行治理：故卦名為《蠱》。

蠱：元亨。利涉大川。先甲三日，後甲三日[1]。

注釋 1 甲：指甲日。商、周曆法，每年有十二個月（另有閏月），每月三旬，每旬十日，以天干甲、乙、丙、丁、戊、己、庚、辛、壬、癸為紀。甲前三日即辛日、壬日、癸日，甲後三日即乙日、丙日、丁日，連甲日共七日。一說，甲前三日即辛日，甲後三日即丁日，皆為行事之吉日。

譯文 《蠱》卦：極其順利。利於涉渡大河。從甲日前三日，到甲日後三日。

解析 巽下艮上，陰陽相孚；九二剛得中，六五柔得中，兩中爻剛柔相應，意味上下同心：故定能涉險難，成大事。

初六：幹（gān）父之蠱[1]。有子考[2]，无咎。厲，終吉。

注釋 1 幹：整飭治理；此指繼承（父業）並予以整頓。一說，謂匡正淫亂之事。下同。蠱：事。2 考：通「巧」，能也。漢帛《易》作「巧」，可從。一說，讀為「孝」（《新證》、《通義》）。

按，考、咎協韻，故應如此標點。或斷作「有子，考无咎」（如《正義》、《本義》、《今注》、《管錐編》等）者，非是。

譯文　（自下而上）第一位，陰爻：整治父親的事業。有兒子這樣聰明能幹，沒有禍患。危險，最終吉利。

解析　「幹父之蠱」，是說子承父業。故《象》傳云：「意承考（父親）也。」繼承父業而有因有革，實難一帆風順，往往須經艱難曲折，始得成功，故本爻呈先「厲」後「吉」之兆。

九二：幹母之蠱[1]。不可貞[2]。

注釋　1 幹：整治。2 不可貞：不可以占問，即占問之事不可行。

譯文　第二位，陽爻：整治母親的事務。不能占問。

解析　此爻陽剛得中，能行正中之道；惜以陽居陰位不當，故整治工作不宜進行。

九三：幹父之蠱。小有悔，无大咎。

譯文　第三位，陽爻：整治父親的事業。稍有悔恨、煩惱，沒有大禍患。

解析　此爻剛而不中，與上無應，故「小有悔」。但履得其位（陽爻居陽位），且處巽體，巽為遜，以謙遜態度行事，故能「幹父之蠱」而終「无大咎」。

六四：裕父之蠱[1]。往，見吝[2]。

注釋　1 裕：寬，展拓。2 見吝：被困難所阻厄。見，表被動；吝，困難，不順利。

按，蠱、往通韻，故這樣標點。

譯文　第四位，陰爻：光大父親的事業。前去，會遭困厄。

解析　此爻得位，但與下無應，又處艮體，艮為止：故「往」必「見吝」。同時亦意味，若不「往」則無咎（因位當而能止）。若占得此爻，只宜維持現狀，不可大肆拓展。

六五：幹父之蠱，用譽[1]。

注釋　1 用：以；連詞。譽：稱美。

譯文　第五位，陰爻：整治父親的事業，因而得到讚譽。

解析　六五柔得中處尊位，與下有應，故行事有成，並得到認同、讚美。

上九：不事王侯，高尚其事。〔凶。〕[1]

注釋　1 事：前者為動詞，事奉。後者為名詞，指所行之事（包括行為、志節等）。按，漢帛《易》作：「不事王侯，高尚其德。兇（凶）。」侯、凶協韻，爻象亦合，故「凶」字宜補。

譯文　最上位，陽爻：不去事奉王侯，保持他高尚的志行。〔凶險。〕

解析　上九以陽剛居卦極，有高踞物表、傲視權貴、對世俗鄙夷不屑的態度。但處高則危，加之以陽居陰，位不當，又下無應援，所以結果為「凶」。此爻好意提醒那些懷才抱德之士：在潔身自愛、不趨附權貴的同時，宜大智若愚，遁世無悶，以免遭無謂犧牲。

十九 臨

䷒

（兌下坤上）

本卦導讀——

《蠱》卦主要講述怎樣處理個人、家庭、社會的事務，而《臨》卦則專論君主應當如何處理統治天下萬民的事務。

《臨》，卦義為監臨，君臨。臨字金文作，象人俯視眾物之形，故有居高視下，君主治理臣民之意。漢帛《易》、漢簡《易》此卦均名《林》，「林，君也」（《爾雅・釋詁》），意義相因。卦體上坤☷下兌☱，坤為地，兌為澤，澤上有地，地勢高而澤勢低，呈居高臨下之象；又坤為順，兌為悅，在上者柔順以撫民，在下者和悅地承受，為長治久安的格局：故卦名為《臨》。又卦義為大（《序卦》），人君故大。又義為施惠，賜與（《雜卦》）。凡此，皆與「君臨天下」的意義相關。

陽氣已自下長至二爻，所謂「二陽之候」。在「十二消息卦」中，為代表十二月深冬、嚴寒將盡季節之卦。

臨：元亨，利貞。至于八月有凶。

譯文　《臨》卦：極其順利，利於占問。到了八月會有凶險。

解析　卦體下悅而上順；九二剛得中，六五柔得中，上下卦中爻剛柔相應：故大暢順而有利。到八月，成《觀䷓》（參「十二消息卦」），即《臨》之倒卦，為消卦，意味陽氣已衰減過半而陰氣漸長，盛勢難以持久，故「有凶」。

初九：咸（gǎn）臨[1]。貞，吉。

注釋　1 咸：讀為「感」。臨：統治，治理。《書・大禹謨》：「臨下以簡，御衆以寬。」

譯文　（自下而上）第一位，陽爻：以感化方法治民。占問，吉利。

解析　此爻位當（陽爻居陽位），表示君主意志行為合乎正道；又與四爻剛柔相應，四體坤，為眾為民：故「咸臨。吉」。

九二：咸臨（xián）[1]，吉，无不利。

注釋 1 咸：讀為「諴」，和也（參《通義》）。用溫和政策治民，如《書·無逸》謂：「咸和萬民。」

譯文 第二位，陽爻：以溫和的手段治民，吉利，無所不利。

解析 此爻陽剛得中，表示能行中道，又與六五剛柔相應，故無所不利。

六三：甘（qián）臨[1]，无攸利[2]。既憂之，无咎。

注釋 1 甘：此借作「拑」，脅持，專制。一說，甘，甜美，句意謂以口是心非、甜言蜜語的哄騙手段治民。2 攸：所。

譯文 第三位，陰爻：以拑制的高壓手段治民，沒有好處。既已為此憂慮，禍患消除。

解析 六三以陰居陽，不中不正，下乘剛（九二），所為不順，又與上六無應，故「甘臨。无攸利」。幸得良知未泯，及後尚能自覺其非，有糾正之意，故「无咎」。占得此爻，若能及時覺悟改正，則無害，或縱有害亦為時不久，遺患未深。

六四：至臨[1]，无咎。

注釋 1至：〔親自〕到來。

譯文 第四位，陰爻：親力親為治理民衆，沒有禍患。

解析 此爻位當，下與初九剛柔相應，自外（卦）而內（卦）曰來，故有「至臨」之象而「无咎」。《詩．小雅．節南山》：「弗躬弗親，庶民弗信。」與此意合。

六五：知臨[1]，大君之宜[2]。吉。

注釋 1知：同「智」。2大君：天子，一國之君（見《師．上六》）。宜：恰當；指合適的事，應為之事。

譯文 第五位，陰爻：以明智之道治民，是國君應做的事。吉利。

解析 六五柔得中處尊位、君位，與下卦中爻九二剛柔相應，有知人善任、舉措得宜之象，故曰「知臨」。為「吉」兆。

上六：敦臨[1]，吉，无咎。

注釋 1 敦：厚；指誠懇，厚道。

譯文 最上位，陰爻：以敦厚之道治民，吉利，沒有禍患。

解析 此爻位當，居卦之極，以柔厚臨下，與初爻「咸臨」等呼應，可謂始終如一，故「吉」而無害。

賞析與點評

《臨》卦言統治術。縱觀諸爻所列各種治民方法及有關效果的評議，除「拑臨」（以拑制的高壓手段治民）為「无所利」之外，其他「感臨」（以感化方法治民）、「諴臨」（以溫和的手段治民）、「至臨」（親力親為治理民衆）、「知臨」（以明智之道治民）、「敦臨」（以敦厚之道治民）都是「吉」或「无咎」，可見作者主張實行寬容明智的德治、仁政，而反對專横暴虐的霸道、苛政。正合乎王國維《殷周制度論》所云，「殷周之興亡，乃有德與無德之興亡，故克殷之後，尤兢兢以德治為務」的周初統治思想。因為到了西周後期，由於享國日久，敝政叢生，其苛虐腐敗的程度比起商紂王朝已不遑多讓，滿懷憂患意識與危機感的《易經》作者希望能起衰救敝，力挽狂瀾，所以在國人暴動、厲王奔彘之後，大力主張復興周初的傳統，實行「德治」、仁政。

二十　觀　䷓（坤下巽上）

本卦導讀——

巡省四方，視察下情，既便於及時了解、發現問題，作為制定適當方針政策的依據，又可以使民觀仰，從而樹立威望。一舉兩得，何樂不為。《臨䷒》與《觀䷓》為倒卦，義亦相關：前者（《臨》）闡述治國的方針、理念，是大原則、大方向；本卦則談一些具體的方式、方法、策略。

《觀》，卦義為觀察，省視。卦體上巽☴下坤☷。巽為風，坤為地，風行地上，遍及諸物，有君主遊歷周覽，省視四方，了解民情，進行教化之象。故卦名為《觀》。

在「十二消息卦」中，為代表八月仲秋，陰氣漸盛，陽氣衰減過半季候之卦。

觀：盥（guàn）而不薦[1]，有孚[2]，顒（yóng）若[3]。

注釋 1 盥：同祼，澆酒於地以迎神。薦：無牲的普通祭禮。與有牲的隆重祭禮不同。2 孚：信。3 顒若：嚴正之貌；若，形容詞詞尾。

譯文 《觀》卦：以酒灌地迎神而不奉獻祭品，胸懷誠信，神情肅穆。

解析 祭祀時能有虔敬的態度，則祭禮雖簡，奉獻雖薄，仍能得到神靈之歆饗、福祐，蓋「黍稷非馨，明德惟馨」（《左傳・僖公五年》），神之所饗，在其誠敬也。《萃・六二》、《升・九二》之「孚乃利用禴」，均同此意。

初六：童觀[1]。小人无咎[2]，君子吝[3]。

注釋 1 童：稚。觀：諦視，觀覽。2 小人：指身份地位低的人，如庶民之類。3 君子：在西周時代指身份地位高的人，如天子、諸侯、公卿大夫之類。吝：困難，不順利。

譯文 （自下而上）第一位，陰爻：童稚的觀察。小人沒有禍患，君子有困厄。

解析 此爻失位（陰爻居陽位），與上無應，又處《觀》卦之始，故孤陋寡聞，所見淺近，有「童觀」之象。如為一般小民百姓尚無妨，若「君子」如此，就必然不利。

六二：窺觀[1]**。利女貞**[2]**。**

注釋　1**窺**：從縫隙或隱僻處偷看。2**貞**：占問。

譯文　第二位，陰爻：從門隙中偷偷觀察。利於占問女子之事。

解析　窺觀，意味所見淺狹（所謂「一孔之見」）；又可表示以非常態的方式行事。如為占問女子的事，則事情可獲得成功。此爻以柔居中，得位，處坤體，坤陰為女，故「利女貞」。

六三：觀我生[1]**，進退**[2]**。**

注釋　1**生**：通「姓」，指廣大民眾；甲骨、金文有「多生」、「百生」、「萬生」，即多姓、百姓、萬姓。九五《象》傳說：「『觀我生』，觀民也。」2**進退**：指人的進用、貶退，或政策的頒佈、施行、修訂、終止等。

譯文　第三位，陰爻：觀察我的子民百姓狀況，決定進退行止。

解析　這是對各級統治官員的要求，也是正確的治理方法與「為官之道」，但要真正實行卻絕不容易。

六四：觀國之光[1]，利用賓于王[2]。

注釋　1 國之光：指國家的榮耀、風采，如政教業績、風俗優長等等。2 用：于（於）。賓于王：為君王之賓。賓，客，此作動詞。

譯文　第四位，陰爻：觀覽國家的榮光，利於作君王的賓客。

解析　要作王者的顧問、嘉賓，就必須了解國家的整體狀況。這是對朝廷高官的要求。

九五：觀我生[1]。君子无咎。

譯文　第五位，陽爻：觀察、了解我的臣民百姓狀況。君子沒有禍患。

解析　九五陽剛居中得正處君位，有王者之象，故此爻是專門對君主而言，與三、四爻不同。

上九：觀其生[1]。君子无咎。

注釋　1 其生：指其他國族的民眾（如殷民以及周邊的東夷、南蠻、西戎、北狄之類）。

譯文　最上位，陽爻：觀察其他國族臣民百姓的狀況。君子沒有禍患。

解析　除需要了解本國國情與民情，還必須了解殷民動態及周邊方國的情況（類似今人之所謂須具備「國際視野」），只有知己知彼，方能長治久安。

賞析與點評

《觀》卦闡述統治者應如何體察民生、掌握國情、實現良好管治的問題。初、二爻說的是不正確的態度和方法——浮光掠影，粗枝大葉，膚淺片面，所以被給予負面評價。三至上爻提出的則是比較深入、客觀、全面的考察省覽方法，那也是正確的「為君」與「為官」之道。

二十一　噬嗑

䷔（震下離上）

本卦導讀——

要真正做到長治久安，國泰民安，除了要努力發展經濟，改善民生之外，還必須完善司法制度，及時懲惡除奸，以發揚正氣，伸張公義。本卦便從吃食談到有關刑獄的問題。

《噬嗑》（shì hé），本義為咀嚼食物。噬，用牙齒咬嚼，食；嗑，合口。進一步，用以比喻刑法，「凡上下之間有物間隔，當須用刑法去之，乃得亨通」（《正義》）。卦形外剛中虛，似頤口之象；九四象頤中有物，分隔上下，當噬而去之：故卦名《噬嗑》。

噬嗑：亨[1]。利用獄[2]。

注釋　1亨：通。2用：于（於）。獄：訴訟。《周禮》鄭玄注：「獄，謂相告以罪名者。」

譯文　《噬嗑》卦：順利。利於刑獄訴訟之事。

解析　卦體上離☲下震☳。離為電為明，震為雷，電閃雷鳴，明察有威，有似司法者審裁公正，執法嚴明，故利於斷案決獄或訴訟之事。

初九：屨（jù）校（jiào）[1]，滅趾[2]。无咎。

注釋　1屨：貫，指穿戴，套上。校：木囚，木製的囚人刑具，所謂桎梏。2滅：沒，此指掩蓋，遮沒。趾：腳。漢帛《易》、漢石經等作止，甲骨文止字象足部之形。

譯文　（自下而上）第一位，陽爻：穿戴着枷鎖，遮沒了雙腳。沒有禍患。

解析　初爻在下有「趾」象。今初、四爻失應，意味難以行動。猶幸以陽居陽得位，故「无咎」。

六二：噬膚[1]，滅鼻[2]。无咎。

注釋　1 噬：咬齧，嚼食。膚：肉，禽獸的肉，更特指肥肉。2 滅：掩沒。

譯文　第二位，陰爻：啃咬肥肉，遮沒了鼻子。沒有禍患。

解析　「噬膚滅鼻」為狼吞虎咽的模樣。本卦形似頤口，中四爻均在口內，皆稱「噬」。此爻以柔居中得正位，故「无咎」。

六三：噬腊（xī）肉[1]，遇毒[2]。小吝，无咎。

注釋　1 腊肉：腊又作「昔」，乾肉。2 毒：指霉變所生的毒素；或箭毒。

譯文　第三位，陰爻：啃咬乾肉，中毒。有小困厄，沒有禍患。

解析　此爻以陰居陽失位，故「遇毒」而致「小吝」。但與上九有應，故終得「无咎」。

九四：噬乾胏（zǐ），得金矢[2]。利艱貞[3]，吉。

注釋　1胏：肉帶骨。2金矢：銅箭頭。因射獵而留在獸體中者。《尚書》孔疏：「古之金、銀、銅、鐵總號為金。」3艱：難。

譯文　第四位，陽爻：啃咬帶骨的乾肉，得到銅箭頭。利於占問艱難的事，吉利。

解析　九四陽爻處頤口中，為頤中之硬物，有「矢」象。此爻失位，與下無應，處坎體（三至五爻互坎），坎為陷為「艱」；但上比於五，又下履重陰（三、二爻），陰陽諧協：故經歷艱難，仍可得「吉」。

六五：噬乾肉，得黃金[1]。貞，厲。无咎。

注釋　1黃金：指黃銅箭鏃。句意與九四「噬乾胏，得金矢」略同。

譯文　第五位，陰爻：啃咬乾肉，得到黃銅（箭頭）。占問，危險。沒有禍患。

解析　五爻處頤口中，有「噬」象。此爻以陰居陽位不當，且與下無應，又未離坎險（三至五爻互坎），故「厲」。但柔得中履尊位，終亦「无咎」。

上九：何校[1]，滅耳[2]。凶。

注釋 1何：同「荷」；擔，負。2滅：沒。

譯文 最上位，陽爻：擔戴着枷鎖，遮沒了耳朵。凶險。

解析 此爻以陽剛居卦極，失位，下據六五，侵慾特強；雖應於三爻，而三體坎（三至五爻互坎），為險陷：故結局是「凶」。

二十二　賁

䷕（離下艮上）

本卦導讀——

《賁䷕》為《噬嗑䷔》的倒卦，卦義相輔相成：嚴刑峻法用以懲惡除奸，但若要社會能真正安定發展，另一面的文明教化也不可或缺。本卦用一次婚禮過程作代表，既反映民情風俗，也彰顯禮教的作用。

卦名《賁》(bì)，義為文飾，喻指文明教化。全卦六爻的「賁」字都有修飾、文飾之意。卦體上艮☶下離☲。艮為山，離為火，山下有火，文彩相輝映；又離為日，屬天文，艮為山、為石，屬地文，天地二文交互修飾；上艮為陽卦性剛，下離為陰卦性柔，剛柔相雜，亦有文飾之象：故卦名為《賁》。

賁：亨[1]。小利有攸往[2]。

注釋　1亨：通。2小利：稍為有利。攸：所。

譯文　《賁》卦：順利。稍有利於前往。

解析　上下卦剛柔交錯，陰陽相孚，故「亨」通。三至五爻互震，震為足，為動，有「往」象。但柔在內（卦）而剛在外（卦），故僅得「小利」而已。

初九：賁其趾[1]。舍車而徒[2]。

注釋　1賁：美飾；文飾則美。趾：漢簡《易》作止；足，腳（參《噬嗑．初九》）。2舍：通「捨」。徒：步行。

譯文　（自下而上）第一位，陽爻：文飾他的腳。捨棄車子步行。

解析　腳經過彩飾，故捨車步行，彰顯其美。本爻陽剛得位，與上有應，應為吉兆。

六二：賁其須[1]。

注釋　1 須：古「鬚」字。

譯文　第二位，陰爻：文飾他的鬍鬚。

解析　鬍子經修飾，更顯年青有活力。此陰爻居中得正，承、乘皆陽，陰陽諧協，應為吉兆。

九三：賁如[1]，濡（rú）如[2]。永貞[3]，吉。

注釋　1 賁如：有文彩的樣子；如，形容詞詞尾。2 濡如：潤澤的樣子。3 永：長久。

譯文　第三位，陽爻：彩飾鮮明而潤澤。占問長遠情況，吉利。

解析　初、二爻描寫人的容飾，三、四爻描寫車馬的容飾。此爻陽剛得位，居上下三陰間，得其文飾與潤澤，更顯神采奕奕，鮮亮無匹，故「永貞，吉」。

六四：賁如，皤（pó）如[1]，白馬翰如[2]。匪寇，婚媾[3]。

注釋　1 皤如：漢帛《易》作「蕃如」，盛多的樣子；如，形容詞詞尾。2 翰如：如飛一般；翰，疾飛。3 匪寇婚媾：注見《屯・六二、六四》。

譯文　第四位，陰爻：彩飾鮮明而多樣，白馬跑得飛快。不是寇盜，是來迎親的。

解析　由初爻至此，當為描述男方大隊人馬盛飾前往女家迎親的情景。六四體坎（二至四爻），坎為盜，故起初惹人猜疑。但此爻得位，與初九剛柔相應，所以終於得成美事。

六五：賁于丘園[1]，束帛戔（jiān）戔[2]。吝，終吉。

注釋　1 丘園：女方所居之處。2 束：五疋。戔戔：少貌。

譯文　第五位，陰爻：結彩文飾山園，僅有五小疋絲帛的財禮。有困厄，最終吉利。

解析　爻辭反映求婚納徵之日，女方結彩以飾家園，男方則以「玄纁、束帛、儷皮」（《儀禮・士昏禮》）作聘禮的情形。大概女家嫌少，故須費一番周折，但最終可締結姻緣。

上九：白賁，无咎。

譯文　最上位，陽爻：用白色文飾，沒有禍患。

解析　陽剛處《賁》之極，物極必反，故由繁彩艷飾復歸於純素，而呈「白賁」之象。

賞析與點評

「白賁无咎。」

經驗告訴人們，一切喧嘩躁動必復歸於平靜，所有浮誇艷飾終會「打回原形」，只有返樸歸真，回復本我，才得長久，才可免災禍。這就是以彩飾為義的《賁》卦最後用「白賁」結束的深意所在。前人詩曰：「一語天然萬古新，豪華落盡見真純。」（元好問《論詩絕句》）和「白賁」的道理正一脈相通。

看來，《賁·上九》爻的《易》理就像它的文字：表面簡樸無華，實際卻含蘊甚豐。

二十三　剝

䷖（坤下艮上）

本卦導讀——

《剝》，卦義為剝落，毀爛，銷蝕，本卦諸爻之「剝」字均同此意。取五陰消陽，陽氣衰落將盡之象，此時萬物凋零，僅餘一點生機；又下坤☷為地，上艮☶為山，山附於地，猶高附於低，貴附於賤，賢附於不肖，意味小人道長，君子道消：故卦名為《剝》。

在「十二消息卦」中，為代表深秋九月、寒冬將至季候之卦。

剝：不利有攸往。

譯文　《剝》卦：不利於有所往。

解析　坤為順，艮為止，當「剝」之時，君子當順時而止，靜觀其變，等候轉機，切忌不自量力盲目行動，以招禍患，故「不利有攸往」。

初六：剝牀、以足[1]，蔑[2]。貞，凶。

注釋　1 以：猶「之」（王弼注）。2 蔑：通「滅」，盡；《釋文》引荀即作「滅」。一說，蔑借為「夢」，蔑貞即夢占（《通義》、《今注》）。

按，牀字入韻，故點斷。

譯文　（自下而上）第一位，陰爻：完全毀掉牀腳。占問，凶險。

解析　拆毀牀腳，即毀壞根基，這無論是對國家、社會、家庭、個人，都極為不利。本卦卦形似牀，初爻在下，為「足」。而柔不當位，與上無應，故「凶」。

六二：剝牀、以辨[1]，蔑。貞，凶。

注釋　1 以：猶「之」。辨：借為「牑」，牀板。

譯文　第二位，陰爻：完全毀掉牀板。占問，凶險。

解析　由牀足漸剝毀至上方之牀板。牀已無板，不能坐臥，猶行事無所倚恃，無人相助，定難以成功。此爻居中得正，但與上無應，又處衆陰間，同性相斥，故仍是「凶」。

六三：剝[1]。无咎。

注釋　1 剝：通行本作「剝之」，但古本多無「之」字。按，「剝」與初爻足、凶，二爻凶，四爻凶，五爻寵通韻，故應以無「之」字為是。

譯文　第三位，陰爻：（逐漸向上）毀壞它。沒有禍患。

解析　陰續消陽，有「剝」象。此爻位不當，但與上九剛柔相應，表示雖處被剝之時，仍得人相助。故「无咎」。

六四：剝牀、以膚[1]。凶。

注釋　1 以：之。膚：皮；此喻牀上的蓆子。按，牀、膚與凶合韻。

譯文　第四位，陰爻：毀掉牀蓆。凶險。

解析　人本坐臥於牀上，現在連牀蓆都剝壞，已逼近人身，造成很大威脅。此陰爻當位，但與下無應，而承、乘皆陰，同性相斥，故「凶」。若占得此爻，喻示禍患已近在眼前。

六五：貫魚，以宮人寵。无不利。[1]

注釋　1 全句讀為「貫魚以寵宮人」。貫魚：用草繩穿魚。貫，穿。宮人：指後宮妃嬪。寵：愛。按：魚、寵合韻，並與四爻膚等協韻，故「魚」字點斷。

譯文　第五位，陰爻：用穿魚般按順序的方式寵幸宮人。無所不利。

解析　此陰爻居中處尊位，上承陽，下領衆陰，使之如「貫魚」之有序，輪流當夕，「進御」於君王，不會造成混亂、矛盾，故「无不利」。據《周禮・九嬪》注，「宮人」

是按身份貴賤高低的次序，每夜或九人，或三人，或一人，輪流進御的。

上九：碩果[1]，不食。君子，得輿[2]；小人，剝廬[3]。

注釋

1 碩：大。2 輿：車。3 廬：草屋。漢帛《易》作「蘆」。

按，果、輿、廬合韻，食、子通韻，故這樣標點。

譯文

最上位，陽爻：（留下）大的果實不吃。君子得到車子；小人拆毀廬舍。

解析

剝至於極，僅剩一陽，有「碩果」倖存之象。若占得此爻，衰頹、困厄中開始顯露轉機；利於君子而不利小人。

二十四　復

☷☳（震下坤上）

本卦導讀——

《復☷☳》為《剝☶☷》之倒卦，義亦相反：《剝》為剝落，毀爛，意味陽氣衰落將盡；《復》為返，返回本始，顯示一切重現生機。取陽剛返初爻，陽氣從下開始復甦，所謂「一陽初復」之象；又卦體下震☳上坤☷，震為雷，坤為地，雷在地中，準備重新萌動；故卦名為《復》。

在「十二消息卦」中，為代表仲冬十一月之卦。「冬至一陽生」，正當此時。

復：亨。出入，无疾。朋來[1]，无咎。反復、其道，七日、來復[2]。利有攸往。

注釋 1 朋：友。一說，朋貝，錢財。2 七日：周人占時日都說七日，與殷人卜旬不同（參《蠱》）。

按，入、疾、來、咎、復、道、日、復協韻，故這樣標點。

譯文 《復》卦：順利。外出、回家都不會生病。朋友來訪，沒有禍患。沿着同一道路往返，七天便會回來。利於有所往。

解析 此卦陽剛返回本始，故一切重萌希望，諸事暢通無礙。

初九：不遠復[1]，无祇（qí）悔[2]。元吉[3]。

注釋 1 復：返。2 祇：大。通行本作「祗」，今從《集解》、唐寫本（伯20）。3 元：極大、最大。

譯文 （自下而上）第一位，陽爻：出門不遠便返回，沒有大悔恨。極其吉利。

解析 一陽初生於下，意味陽氣漸長，前途無量：故上吉。

六二：休復[1]。吉。

注釋　1 休：美；喜。

譯文　第二位，陰爻：喜孜孜地返回。吉利。

解析　此爻居中得位，柔順中正，故「吉」。

六三：頻復[1]。厲。无咎。

注釋　1 頻：通「顰」，皺眉。

譯文　第三位，陰爻：皺着眉頭返回。危險。沒有禍患。

解析　此爻居下震之終，而不中不正，與上無應，故「頻復」而「厲」。幸尚能臨危知返，故終得「无咎」。

六四：中行（háng）[1]，獨復。

注釋　1中行：半路中途；或道路中間。行，道。

譯文　第四位，陰爻：中途獨自返回。

解析　此爻位當，居全卦之中央，故稱「中行」。處群陰間，而獨與初爻相應，故「獨復」。有獨善其身，或不隨大流、自行其是之意。並非凶兆。

六五：敦復[1]。无悔。

注釋　1敦：迫。《詩．小雅．北門》：「王事敦我。」

譯文　第五位，陰爻：被催迫而返回。沒有悔恨煩惱。

解析　此陰爻失位，與下無應，且乘、承皆陰，同性相斥，有「敦迫」之象。但處上卦中位，又是全卦尊位、君位，故亦「无悔」。

上六：迷復。凶，有災眚（shěng）[1]。用行師，終有大敗，以其國君凶[2]，至于十年，不克征[3]。

注釋 1災眚：災禍。眚，災。2用：連詞，表假設關係。以：及，連及。3克：能夠。

按，凶、眚、師、凶、年、征協韻，故這樣標點。

譯文 最上位，陰爻：因迷路而返回。凶險，有災殃。如果遣兵作戰，終會大敗，連同其國君也陷於凶險，以至十年不能征戰。

解析 本爻柔居《復》卦之終，前無去路，下失其應，故「迷」。凌乘六五，所為不順，有如違抗君命，但又質弱難勝，故殃及國君而「凶」。

賞析與點評

「一陽初復。」

《易經》第二十三卦為《剝䷖》，此時陰氣彌漫，寒流滾滾，萬物凋零，陽氣瑟縮於一角，衰落將盡，正是「日薄西山，氣息奄奄，人命危淺，朝不慮夕」，似乎行將跌入冰河時期，世界末日立馬便到。但造物的安排是如此巧妙：物極必反，剝極則復。所以接下來第二十四卦便是《復䷗》卦，這時陽剛返回本始，陽氣從下開始復甦，表示一切又重萌希望，明天將會更好。

它告訴人們：任何時候都應摒棄悲觀，都應抱有期盼。要堅信，「一陽初復」加上人的努力，必將令世界煥發生機，再展歡容。

二十五　无妄

☰☳（震下乾上）

本卦導讀——

難得陽氣復生，必須善加珍護，因此行動上便要嚴格自律，以免破壞復甦進程。

《无妄》，卦義為无不謬妄，不胡為：妄，亂也（《說文》）。卦體上乾☰下震☳。乾為天，震為雷，呈天下雷行，或天威下行之象，物皆震怖自律，故不敢謬妄胡為。

又，卦義為無望，妄，讀為「望」；《史記・春申君列傳》作「毋望」。而無望，可理解為無所希冀，完全絕望，故《雜卦》云：「《无妄》，災也。」是反映災荒之卦。但亦可解為出於望外，即在期盼、意想之外（《史記正義》：「無望謂不望而忽至」）。本卦各爻辭中的「无妄」，正分別含有這兩種截然不同的意義。

无妄：元亨[1]，利貞。其匪正[2]，有眚[3]。不利有攸往[4]。

注釋 1元：極大、最大。亨：通。2匪：漢簡、帛《易》作「非」。3眚：災。4攸：所。

按，亨、貞、正、眚、往合韻，故這樣標點。

譯文 《无妄》卦：極其順利，利於占問。那些品行不端的會有禍殃。不利於有所往。

解析 下震為動，上乾為健，動而能健；而九五陽剛居中得正處尊位，與下卦中爻六二剛柔相應：故「元亨，利貞」。上乾下震，天威下行，「匪正」者必有災，妄行者必招禍。又震為決躁，躁動於內（卦），欲外往，則阻於乾剛（震、乾皆為陽卦），故「不利有所往」。

初九：无妄[1]。往，吉。

注釋 1无妄：無望，沒有希望。

按，妄、往協韻，故點斷。楚簡《易》無「往」字，但本爻與上九爻內容對應，如無「往」字，則既失韻，又失相應之旨，故應非是。

譯文　（自下而上）第一位，陽爻：已無希望。前去，吉利。

解析　爻辭謂此處已經無望，必須離開，另謀出路，才會闖出生天。《彖》傳所謂：「『无妄』之『往』，何之矣？天命不祐，行矣哉！」當指此。

六二：不耕穫[1]，不菑（zī）畬（yú）[2]，則利有攸往。

注釋　1 不耕穫：楚簡《易》作「不耕而穫」，衍「而」字。按，「而」為周代新興虛詞，西周末始出現，較罕用，至東周方流行，楚簡《易》於本爻及《隨・上六》、《大畜》、《漸・九三》諸卦爻辭中均添一「而」字，為今本與帛本所無，疑為傳抄過程所增。2 菑：一年之田；此作動詞，指開荒田。畬：三年之田；此作動詞，指治熟田。按，一詞名、動兩用是上古漢語常見現象，甲骨文多見，如「魚」又可指捕魚，「田」又可指田獵，等等。

譯文　第二位，陰爻：不能耕種，收穫，不能墾荒，治田，（在那種情況下，）則利於有所往。

解析　「不耕穫，不菑畬」，意味天災嚴重，土田龜裂，顆粒無收，已陷入絕望之境，唯一出路，就是往外逃荒，另謀生計，故曰「則利有攸往」。《雜卦》云：「《无妄》，災也。」漢儒多以此為大旱之卦，當與初、二兩爻有關。

六三：无妄之災——或繫之牛[1]，行人之得[2]，邑人之災[3]。

注釋 1 **无妄**：無望，此指在意想之外。**或**：有人，某人；不定代詞。**繫之牛**：繫其牛。之，義同「其」。2 **行人之得**：行人得之。之，指代牛。3 **邑**：人聚居之處；此指村鎮。

按，災、牛、得、災通韻。

譯文 第三位，陰爻：意外的災禍——有人拴住他的牛，過路人把牠牽走了，村邑的人卻遭殃。

解析 過路人「順手牽牛」，村中人因有嫌疑而受到搜查、盤詰種種滋擾，故稱「无妄之災」。三爻不中不正，居震之終，震為動，遂致動盪不寧，飛來橫禍。

九四：可貞[1]，无咎。

注釋 1可貞：可以占問，即占問的事可行。《蠱．九二》「不可貞」，即指占問的事不可行。

譯文 第四位，陽爻：占問的事可行，沒有禍患。

九五：无妄之疾[1]，勿藥，有喜[2]。

注釋 1无妄之疾：無緣無故得來的疾病。无妄，無望，指在意料之外，不期而至。2有喜：謂病癒。喜，指喜慶之事。

譯文 第五位，陽爻：意外的疾病，不須吃藥，自會痊愈。

解析 此爻陽剛中正居尊位，下應之六二爻亦居中得正，實正派之極；即使有「无妄之疾」，也可不藥而癒。

上九：无妄[1]，行，有眚[2]，无攸利[3]。

注釋 1 **无妄**：注見初爻。2 **眚**：災。3 **攸**：所。

按，妄、行協韻，故點斷。

譯文 最上位，陽爻：已無希望，前行，有災禍，無所利。

解析 初爻「无妄」而往則吉，此爻反是，何故？蓋因時、位有不同。乾為健行，但上九以陽居陰，位不正，又凌乘九五之剛，且居卦之極，已到窮盡之時，再前「行」必走向反面。卦辭所謂「其匪正，有眚，不利有攸往」者，當指此。若占得此爻，表明正處於進退兩難之境，情況相當不妙。權衡利弊，兩害取其輕，暫宜堅忍以待。

賞析與點評

《无妄》堪稱「一卦多義」的典型。它的卦義主要是「不謬妄，不胡為」；但又可理解為「無所希冀，完全絕望」，以及「出於望外」，即在期盼、意想之外的意思。而這些截然不同的含義都在卦爻辭中得到相應的反映。

不僅這樣，除此之外，還有一種意見，認為《无妄》的卦義是「不亡」，即不消失，不滅亡：「妄，亡也。謂雷以動之，震為反生，萬物出震」，故无亡（《周易集解》引虞翻語）。而近年出土的秦簡《歸藏》卦名作《毋亡》，漢簡《易》作《无亡》，似乎都與它相合。還有，在現存最古的《周易》本子楚簡《易》中又寫作《亡（無）忘》，釋不遺忘，又另是一番含義。

古人說「詩無達詁，易無達占」，本卦無疑是典型的例子之一。

二十六 大畜

䷙（乾下艮上）

本卦導讀——

大災之後，必有豐年。故《无妄》之後接以《大畜》卦。《无妄䷘》反映天災，五穀失收；而《大畜䷙》是其倒卦，義為大量積聚，大量畜養。畜，養也；又同蓄，積聚（參《小畜》）。

卦體下乾☰上艮☶；乾為天，性剛健，艮為山，性篤實，人之才性剛健篤實，則所蓄能大，其品德與才學日有進境，充實而顯光輝，故卦名為《大畜》。又，卦義為畜養其大者（《本義》、《尚氏學》）。乾陽為大，艮在上止而畜之；而爻辭中之馬、牛、豕均為大牲畜：故名《大畜》。

大畜：利貞。不家食[1]，吉。利涉大川。

注釋　1不家食：漢帛《易》同。楚簡《易》作「不家而食」，衍「而」字（說見《无妄·六二》）。

譯文　《大畜》卦：利於占問。不在家中吃飯，吉利。利於涉渡大河。

解析　乾為天，喻國君，艮為山，比賢人，內、外卦中爻剛柔相應，喻君能尚賢、禮賢、用賢；賢人見用於朝，自然「不家食」，既不食於家，必然出行在外；而乾為健行，三至五爻互震，震為足亦為行，二至四爻互兌，兌為澤為水，加以二、五相應，上下同心，故有「利涉大川」之象。

如占得此卦，宜加強才德修養，不斷充實自己，以備出而用世，成就大業。

初九：有厲[1]，利已[2]。

注釋　1厲：危險。2已：止。楚簡、漢帛《易》均作「巳」，古巳、已為一字，此當讀為「已」。

譯文　（自下而上）第一位，陽爻：有危險，利於〔及時〕停止。

解析　此爻位當，上應六四，但四體艮（上卦），艮為止：故切不可冒進，宜及時停止。

九二：輿說輹（fù）[1]。

注釋　1 輿：車。楚簡、漢帛《易》作「車」，下同。說：通「脫」。輹：捆綁伏兔與車軸使牢固的繩索，又名車軸縛。一本作「輻」（fú 福），非是。《左傳·僖公十五年》：「車說（脫）其輹。」按，輹與三爻逐、四爻牿協韻。

譯文　第二位，陽爻：車輪脫掉綁固車軸的繩索。

解析　九二以陽居陰，位不當，處兌體（二至四爻），兌為毀折，故有「輿說輹」不能行進之象。與《小畜·九三》「輿說輹，夫妻反目」同屬不吉之兆。

九三：良馬逐[1]。利艱貞[2]。曰閑輿衛[3]。利有攸往。

注釋　1 逐：楚簡《易》作「由」，近音借字（參《豫．九四》）。2 艱：難。3 曰：語首助詞，無義。閑：閡（王弼注），礙止，漢帛《易》作「闌」，阻攔，義並同。輿衛：言兵車攻防之事，指武備；衛，護也。

譯文　第三位，陽爻：駿馬奔馳競逐。利於占問艱難的事。停止戰備行動。利於有所往。

解析　三居乾（下卦）之末，位當，有剛健之德。三至五爻互震，震為雷為動，有用武之象，然三不應上，又處艮（上卦）止之下，故宜「閑輿衛」，止息武事，與《謙．六五》「利用寢伐」相類，可互參。

六四：童牛之牿（gù）1。元吉2。

注釋　1 童：楚簡《易》作「僮」（《說文》引《易》同）。牿：牛角上所加橫木，用以防止小牛以角觸物傷人，並自傷其稚嫩之角。這裏用作動詞。全句是賓語前置句，意為「牿童牛」。「之」是助詞，作賓語（童牛）前置的形式標誌。2 元：極大、最大。

譯文　第四位，陰爻：給小牛綁上護角的橫木。極其吉利。

解析　小牛加牿，意味牛隻逐漸長大，已冒出角來，是畜養有成的表現，故上吉。

六五：豶（fén）豕之牙[1]。吉。

注釋　1 豶豕：豶音墳，豶豕指「未劇之豕」（俞正燮《癸巳存稿》），即公豬；一說，謂小豬。之：語助詞，有補足音節兼加強語氣作用。牙：此作動詞。

譯文　小公豬長出了牙齒。吉利。

解析　豶豕出牙，說明豬漸長大，和四爻一樣，都是畜養有成的表現。

上九：何（hè）天之衢（hù）[1]。亨。

注釋　1 何：擔負，承受。衢：讀為「祜」，厚福；衢（群母，魚部）與祜（匣母，魚部），韻同音近，故可相通。

譯文　蒙受上天的洪福。順利。

解析　上九一陽居上位，有「天」象，又有背象（艮為背），故承受天之福祐，為吉兆。

賞析與點評

「何天之衢。」

這句話古今有多種不同的詮釋，但其實，它緊承四、五兩爻而來，辭意一氣貫注，所以並不費解。

本卦名為《大畜》，四、五爻皆暢談畜養有成之事，表達由衷的喜悅之情，所以《象》傳說：「六四『元吉』，有喜也」；「六五之『吉』，有慶也」。而上九「何天之衢」意同「受天之祜」，謂「蒙受天之洪福」，表示獲得的一切成果皆由上天所賜。（「受天之祜」又見《詩經》的《小雅・信南山》、《桑扈》和《大雅・下武》，可見是當時的常用語。）這樣理解，以上三爻的內容便密切連貫起來，最後以感恩的話歸美上蒼，結束全卦。恰如西方宗教的祈禱文或讚美詩，常會用「哈利路亞」之類的讚頌之詞、把榮耀歸於上帝一樣。

二十七 頤

䷚（震下艮上）

本卦導讀——

待到貯備豐足，基本生活需求有了保障時，便開始講求頤養之道。故《大畜》之後接以《頤》卦。

《頤》，卦義為養，內容主要談保養之道。卦體似口腔之形，而下震☳為動，上艮☶為止，有咀嚼進食之象，故卦名為《頤》。

頤（yí）[1]：貞，吉。觀頤，自求口實[2]。

注釋　1頤：面頰，腮幫；又養也。2口實：頤中物，指食物、口糧。

譯文　《頤》卦：占問，吉利。觀察面頰，（想到保養之道，）便自己求取食物。

解析　看到腮幫子，便想到「自己動手，豐衣足食」，不必倚賴他人。但病從口入，禍從口出，所以也應當注意節制飲食和謹慎言語，如是則既養生，又養德，才是正確的保養之道。

初九：舍爾靈龜[1]，觀我朵頤[2]。凶。

注釋　1舍：通「捨」。靈龜：古人認為龜老可通靈，故用龜甲占卜，稱靈龜；其肉亦可吃。2朵頤：指張口說話；或動口咀嚼。朵，動（《釋文》）。

譯文　（自下而上）第一位，陽爻：捨棄你靈驗的龜，看着我鼓動腮幫子。凶險。

解析　本卦形似口，此爻如下顎，又位居震之初，震為動，故有「朵頤」之象。古人重卜筮，認為凡事應用蓍龜決疑，不可只信人言，否則會有凶險；而另方面，自己放着現成的好東西不吃（龜肉可吃），却垂涎別人的食物，是不安本分，或貪婪的表現：故「凶」。

六二：〔曰〕顛頤[1]，拂經[2]，于丘（北）頤[3]。征[4]，凶。

注釋 1 顛：倒。楚簡、漢帛《易》前有「曰」字，為語詞。頤：養。2 拂：違；或作「弗」（漢簡《易》，《釋文》引子夏），不。經：常。3 丘：楚簡、漢帛《易》均作「北」，乃古「背」字，指反方向；這裏指上位之爻。4 征：行。

按，頤、頤協韻，又經、征協韻，故應如此標點。諸本多有未當。

譯文 第二位，陰爻：向下方求養，不正常，轉而向上求養。出行，凶險。

解析 六二居中得正，與六五無應，本宜安於本位，「自求口實」，如欲下比於初爻，或往依上九，以從陽求養，皆非正道，故「征，凶」。

六三：拂頤[1]。貞，凶。十年，勿用[2]。无攸利。

注釋　1 拂：漢簡《易》作「弗」。2 勿用：不可施為。

按，貞、年、利協韻，又凶、用協韻，故這樣標點。

譯文　第三位，陰爻：不能自養。占問，凶險。十年內不可有為。無所利。

解析　此爻失位，不中不正；處下卦之終，震動之極，故「凶」，無所利。

六四：顛頤[1]，吉。虎視眈（dān）眈[2]，其欲逐逐[3]。无咎。

注釋　1 顛頤：注見六二。2 眈眈：盯視有神的樣子。3 逐逐：心煩貌（《集解》引虞翻注），有迫不及待之意。

譯文　第四位，陰爻：向下求養，吉利。像老虎緊緊盯着，其慾望非常強烈。沒有禍患。

解析　此爻位當，下應於初，故「顛頤」則「吉」。「虎視」二句，比喻願望之迫切。此非壞事，故「无咎」。

賞析與點評

「虎視眈眈。」

這句話在《易經》中原無貶義，只是形容一個人的慾望異常強烈，像老虎準備獵食那樣緊盯不放，並沒有用心不良之意，屬中性詞語。由於並非使壞，所以結果是「无咎」——無災無禍。不過變為成語之後，應用範圍便集中、縮小，專門形容心懷不善、伺機攫取的神情與心態，意思多含貶義了。

六五：拂經[1]。居貞，吉。不可涉大川。

注釋　1 拂經：反常，不正常。後面當隱含「于北頤」之意（參六二爻）。拂，漢簡《易》作「不」。

譯文　第五位，陰爻：不正常。占問居處的事，吉利。不要涉渡大河。

解析　六五居中處尊位，卻能以柔承剛，有謙順之德，所以安「居」則「吉」。又二至四爻互坤，有「川」象（參《坤》卦），但本爻失應於二，故「不可涉大川」。意味宜家居，不宜遠行；更不可幹大事。

上九：由頤[1]。厲，吉。利涉大川。

注釋　1 由：讀為「逐」，追也。參《豫·九四》：「由豫。」頤：養。

譯文　最上位，陽爻：追求保養。危險，但仍吉利。利於涉渡大河。

解析　陽剛居卦之極，失位，居高勢危，故「厲」；但畢竟一陽踞上，下乘眾陰，故「吉」。若占得此爻，宜於出門遠行；或冒險犯難，幹一番事業。

二十八 大過

䷛（巽下兌上）

本卦導讀——

保養身體，享受人生，誠然合理，但也不宜過分追求，因為若追求過度，便容易犯錯，傷身，得不償失。就像一所房屋，如果負荷過重，便會棟折樑摧一樣。《大過䷛》是《頤䷚》的反卦，緊接《頤》卦之後，用象喻手法提出上述的忠告。

《大過》，義為大為超越常分，指太過分或超常態的行為；過，經過，越過。又指大的失誤或過錯；過，誤，差失。卦體上兌☱下巽☴。兌為澤，巽為木，有水淹沒木之象。一方面表示水已大大超過正常的水位，另方面意味着發生了重大事故，如水災、沉船之類，故卦名《大過》。

大過：棟橈（náo）[1]。利有攸往[2]。亨。

注釋　1 棟：房屋之主樑。橈：曲。2 攸：所。

譯文　《大過》卦：棟樑彎折。利於有所往。順利。

解析　卦體下巽為木，上兑為毀折：故有「棟橈」之象。樑棟彎折，也是大失誤、大過錯。房子既有倒塌的危險，故宜迅速離開險境，前往他方。若占得此卦，意味危中有機，關鍵在乎要善於把握和及時處理。

初六：藉（jiè）用白茅[1]。无咎。

注釋　1 藉：古代舉行祭祀、封侯或朝聘等典禮時，用來放在下面承托祭品或禮品的襯墊物。白茅：一種茅草。以白茅作墊，取其芳潔。

譯文　（自下而上）第一位，陰爻：用白茅草作襯墊。沒有禍患。

解析　下卦巽，有謙遜之德；初爻柔居巽始，更顯謙順禮讓，故「无咎」。

九二：枯楊生稊（tí）[1]。老夫得其女妻[2]。无不利。

注釋　1 稊：通「荑」，草木重生的嫩芽。漢帛《易》作「荑」。2 女：少、小，稚嫩。故嫩桑稱「女桑」（見《詩・豳風・七月》）。

譯文　第二位，陽爻：乾枯的楊樹再發新芽。老漢娶得他的年輕妻子。沒有不利。

解析　本爻與五爻大概都是卦義所指的超越常規之「過分行為」。

九三：棟橈。凶。

譯文　第三位，陽爻：棟樑彎折。凶險。

解析　三、四、上爻內容是卦義所指的「大失誤、大過錯」。

九四：棟隆[1]。吉。有它[2]，吝。

注釋　1 隆：高，聳起。2 它：古蛇字；泛指禍害。

譯文　第四位，陽爻：棟樑高拱。吉利。發生意外變故，有困厄。

解析　棟樑高聳，沒有倒塌之虞，故「吉」。但此爻失位，且乘、承皆陽，同性相斥，故「有它，吝」。

九五：枯楊生華[1]。老婦得其士夫[2]。无咎，无譽[3]。

注釋　1 華：古花字。2 士：少男，指未婚之青年男子。3 无咎，无譽：參《坤・六四》。

譯文　第五位，陽爻：乾枯的楊樹開花。老婦人嫁得個年青丈夫。沒有禍患，也沒有聲譽。

解析　此爻陽剛中正居尊位，故「无咎」；但失應於下，故亦「无譽」。

上六：過涉[1]，滅頂[2]。凶。无咎。

注釋 1過：誤；此指選址不當。涉：蹚水過河。2滅：沒，淹沒。

譯文 最上位，陰爻：在錯誤的地方蹚水過河，被水淹過頭頂。凶險。沒有禍患。

解析 上六以柔居卦之極，質弱難勝；而上卦兑為澤為水，故有「滅頂」之「凶」兆。但此爻位當，又與九三剛柔相應，顯示終有救援，故「无咎」。

二十九 坎

䷜

（坎下坎上）

本卦導讀——

若犯下大錯而不知悔改，便會有牢獄之災。故《大過》之後接以《坎》卦。《坎》，又名《習坎》，卦義為陷坑、土牢，引申作陷沒，險難；又引申為勞苦，秦簡《歸藏》此卦名「勞」，正符斯義。卦體二坎☵相重，似幽閉之土牢，又有險難倍增之象，故卦名為《習坎》（習，重，疊；坎，坑穴）。卦中各爻辭多描述牢獄的景況。

習坎：有孚維心[1]。亨。行，有尚[2]。

注釋　1孚：符；由胸懷誠信而相互感通。維：此用同「于」，作介詞。《墨子・非攻》：「通維四夷。」《益・九五》：「有孚惠心。……有孚惠我德。」意仿此，可參。2尚：祐助；又讀為「黨」，指親朋、夥伴，或志同道合、熱心相助之人。

按，亨、行、尚協韻，故點斷。

譯文　《坎》卦：胸懷誠信，心意相通。順利。前行有人相助。

解析　儘管險難重重，歷盡艱辛，但一切仍會順利，因既有誠信之德，又有同心之伴侶與你偕行。卦體雙剛得中，上、下卦均一陽爻處二陰之間，剛柔相協，外虛內實，呈彼此胸懷誠信而心志相通之象，似同心之行侶，故「亨。行，有尚」。

初六：習坎[1]。入于坎窞（dàn）[2]。凶。

注釋　1習：重，疊。2窞：坑中之坑，指深坑，幽閉之牢獄。聞氏《類纂》說：坎窞為疊韻連語，猶窖牢，古時係人之獄，鑿地為之；入於坎窞即入獄。

譯文　（自下而上）第一位，陰爻：坑中有坑。落入窖牢中。凶險。

解析　初爻以柔處下，失位，與上無應，有「入于坎窞」，被重重陷沒，出頭無日之象。故呈「凶」兆。

九二：坎，有險。求小得[1]**。**

注釋　1 小：漢帛《易》作「少」。

按，坎、險協韻，故點斷。

譯文　第二位，陽爻：土牢有危險。有所求，會稍有所得。

解析　二為下卦坎之主爻，位不當，上無應援，故「有險」。但陽剛得中，能行正中之道，且乘、承皆陰，陰陽諧協，故「求」仍可稍有所得。

六三：來之坎[1]**，坎險，且枕**[2]**。入于坎窞，勿用**[3]**。**

注釋　1之：此。甲骨文、《詩經》多見。2枕：通「沈」，深（《平議》）。3用：可施行。

按，坎、險、窞協韻，故這樣標點。

譯文　第三位，陰爻：來到這土牢，坑既險又深。關進窖牢中，動彈不得，無可施為。

解析　此爻陰柔而不中正，與上無應，陷於上下二坎重險之中，失去自由，無可作為。若占得此爻，有身陷囹圄之凶兆。

六四：樽酒、簋（guǐ）[1]，貳用缶[2]，納約自牖（yǒu）[3]。終无咎。

注釋　1簋：古代盛黍稷等食物的器具，多為圓碗形，或帶方座。2貳：益（《說文》段注），增加。用：以。缶：瓦器，盆類。3納：入，送入。古文字納作內，《說文》云：「內，入也；自外而入也。」約：儉，少。一說，取（《類篡》）；動詞。牖：窗。以地窖為獄，唯見其牖，殷商牢獄稱牖（羑）里，或以此（《類篹》）。

按，酒、簋、缶、牖、咎協韻，故應如此標點。諸本斷句多誤。

譯文　第四位，陰爻：一樽酒，一碗飯，加個瓦盆盛載，從窗戶送進簡陋的食物。最終沒有禍患。

解析 四爻處兩坎重險之間，與下無應，有如人被囚禁於土牢中。但此爻位當（陰爻居陰位），上承九五，以柔從剛，故雖有牢獄之災，而終無咎害。

九五：坎不盈，祇既平[1]。无咎。

注釋 [1] 祇：借為「坻（chí 池）」，小丘。

譯文 第五位，陽爻：土坑未填滿，小丘已削平。沒有禍患。

解析 欲以小山之土去填平陷坑，但坑深土少，難以填滿；不過已盡人事，所以無患。五爻陽剛中正居尊位，為坎之主爻，且乘、承皆陰，陰陽諧協，故「无咎」。

上六：係用徽纆（mò）[1]，寘于叢棘[2]，三歲不得[3]。凶。

注釋 [1] 係：縛。徽纆：繩索；三股合為一股曰徽，二股合一曰纆。[2] 寘：同置。叢棘：指代監獄。古代監獄周圍種滿荊棘，以防逃逸。[3] 三：虛數。不得：謂不得出獄。因用四言句押韻而省去「出」（或類似的）字。

按，爻辭以纆、棘、得協韻。

譯文 最上位，陰爻：用繩索捆綁，關在牢獄裏，數年不能獲釋。凶險。

解析 上爻以柔居《坎》險之極，與下無應，勢窮力孤，故得「凶」兆。

三十 離 ䷝（離下離上）

本卦導讀——

黑暗總有盡頭。經歷牢獄之苦後，終於脫困出獄，重見光明。因此《離䷝》卦接在《坎䷜》卦後。兩者為反卦，義亦相對。

《離》，卦義為光明；又為附麗。卦體上離☲下離☲。離為火，為日，為明，有大光明之象；而上下兩離，又如日月附麗於天：故卦名為《離》。

秦簡《歸藏》此卦名《麗》，同為附麗、附着之意。而漢帛《易》卦名作《羅》，義為網羅；字又通「離」、「罹」，有遭逢之意，與「附着」義亦相關。

離：利貞。亨。畜牝牛[1]，吉。

注釋 1 畜：養。牝：雌性的（獸畜）。

譯文 《離》卦：利於占問。順利。飼養母牛，吉利。

解析 離為火為明，兩明前後相繼，光耀不絕，普照四方，故「亨」通。卦中二、五爻以陰柔之質，附着中正之位，因此利陰柔之物，故「畜牝牛，吉」。

初九：履錯然[1]，敬之，无咎。

注釋 1 錯然：敬慎之貌。或釋飾金閃光的樣子；錯，入聲，用金塗飾（見《說文》）。則句意為：鞋子金光閃閃。

譯文 （自下而上）第一位，陽爻：步履莊重，恭敬對待他，沒有禍患。

解析 初爻在下，為「履」；此爻得位，居離之始，離為文明，故有「錯然，敬之」之象。

六二：黃離[1]。元吉。

注釋　1離：通「麗」，附麗。一說，黃離即黃鸝、黃鶯，鳥名。

譯文　第二位，陰爻：黃色附麗其上。極其吉利。

解析　古以黃為貴重、吉祥之色，又為「中之色」（參《坤・六五》），六二以柔居中得正，承、乘皆陽，陰陽諧協，猶物體塗上鮮麗華貴的黃色，所以上吉。

九三：日昃（zè）之離[1]，不鼓缶而歌[2]，則大耋（dié）之嗟[3]。凶。

注釋　1昃：太陽偏西。離：麗，附着，懸挂。2鼓：敲打。缶：瓦質盛器，「秦人鼓之以節歌」（《說文》）。3大耋：指高壽的人。耋，七、八十歲之年紀。嗟：憂歎。

譯文　第三位，陽爻：太陽斜挂天邊，如不敲擊瓦盆唱歌，那麼老人便要嗟歎傷心。凶險。

解析　離為日；本爻處下離之末，有「日昃」、「大耋」之象。日落西山，表示時日無多，老人易觸景傷情，故須安常自樂，否則長吁短歎，有損身心健康，後果不妙。

九四：突如[1]，其來如，焚如[2]，死如，棄如。

注釋 1突如：突然而出。如，用於詞後或句後，相當於「然」或「焉」；綴於詞後者為詞尾，表形貌或狀態（如《屯．六二》：「乘馬班如」），用於句後者為助詞，表語氣（如本爻）。2焚：燒。

譯文 第四位，陽爻：突然出現，蜂擁而來，焚燒呀，殺戮呀，把屍體和物件到處拋棄。

解析 描寫一場軍事突襲的情景，慘烈逼真。此爻失位，與下無應，乘陽（九三），同性相斥，故有此凶象。

六五：出涕、沱若[1]，戚嗟若[2]。吉。

注釋 1涕：淚。沱若：淚流多的樣子。若，形容詞詞尾，為「如」一音之轉，作用相同。2戚：憂，悲傷。嗟：歎。若：同如、焉，此作助詞，表語氣。參九四爻。

按，涕、吉與四爻死、棄協韻，沱、若、嗟、若合韻，故這樣標點。

譯文 第五位，陰爻：涕淚滂沱地哀傷悲歎着。吉利。

解析　此爻以柔居尊而位不正，下失其應，故憂懼如此。但承、乘皆陽（四、上爻），附麗於兩陽中，陰陽相孚，故仍「吉」。

上九：王用出征[1]，有嘉[2]，折首[3]，獲匪其醜[4]。无咎。

注釋　1 用：助詞，表實施、進行某事。2 有嘉：有喜慶之事。嘉，美。一說，嘉為方國名。3 折首：斬首。折，斷。金文《虢季子白盤》：「折首五百。」4 匪其：猶「彼其」，指代詞；匪，通「彼」。《詩經》多見，如《王風．揚之水》：「彼其之子。」醜：類。《詩．小雅．出車》：「執訊獲醜。」鄭箋：「醜，眾也。」

譯文　最上位，陽爻：周王出征，傳來捷報，斬首之外，還抓獲他們一批俘虜。沒有禍患。

解析　離為甲冑、戈兵，有用武殺伐之象。此爻陽剛處《離》之極，遠瞻明察（離為明，為目），威震四方，雖失位，無應，然下比六五，陰陽相得，故「无咎」。

賞析與點評

《離》卦由上下兩離☲構成，離為八經卦之一，屬南方之卦，代表火，以及與火相關的事物、性狀，還有外殼堅硬之物。所以離又為甲冑、戈兵（見《說卦》），有用武、征戰、殺伐之象。本卦九四、六五、上九三爻都明顯與戰伐有關，尤其九四爻的描寫生動慘烈，它寫的到底是一場盜賊劫掠，還是國族交鋒，兩軍正式對壘？從字面難以看得出來，這時候，便需要配合卦象分析。

全《易經》和「盜賊」有關的卦爻辭共十一例，每例都必有坎☵象（《易傳・說卦》：「坎為盜」）。但《離》卦並無坎象，由此推知，它描述的應不是普通的盜匪劫殺，而是一場兩軍對陣的激烈戰事：己方遭受突然襲擊，損失慘重。而《離・上九》反映的大概就是針對敵方的大規模報復反擊吧。

三十一　咸

䷞（艮下兌上）

本卦導讀——

此卦以上為《周易》「上經」，由這卦開始為《周易》「下經」。

本卦描寫人際間的私密關係。諸爻由下而上順次取象，內容似描述男歡女愛的過程，與卦名、義相應合。

《咸》，卦義為感，相感應；咸字讀為「感」。又卦義為速（《雜卦》及韓注），感應則速，但時間也短促。卦體上兌☱下艮☶，兌為陰卦，艮為陽卦，柔上剛下，二氣相感應；又兌為少女，艮為少男，兌為悅，艮為止（性篤實），男方誠懇篤實地仰求，女方喜氣洋洋而下應，有男女相感之象；又兌為澤，艮為山，山上有澤，澤性下潤，而山體上承，虛懷容受，亦彼此感應：故卦名為《咸》。

又，咸亦可讀為「揻」，即撼字，搖也，動也。感為心動（《說文》：「感，動人心也」），撼為形動，其義相因。本卦諸爻辭之「咸」皆讀為「撼」，有男女愛撫、親吻之意。

咸：亨，利貞。取女[1]，吉。

注釋 1 取：通「娶」。

按，亨、女協韻，故點斷。

譯文 《咸》卦：順利，利於占問。娶女子，吉利。

解析 上下卦陰陽諧協，而六爻亦兩兩（初與四，二與五，三與上）剛柔相應，故「亨，利貞」。艮男求兑女，女悅而應之，呈婚姻之象，故「取女，吉」。

初六：咸、其拇[1]。

注釋 1 咸：讀為「撼」，動。以下同。拇：足大指。

按，各爻咸字協韻，又咸、拇合韻，故點斷。

譯文　（自下而上）第一位，陰爻：撫弄她的足大指。

解析　初爻在下，有足趾象。又，動其足趾，亦可釋為有打算出行之意（見《象》辭）。

六二：咸、其腓（féi）[1]。凶。居，吉。

注釋　1 腓：小腿肚；此泛指小腿。

按，咸、腓合韻，故點斷。

譯文　第二位，陰爻：撫弄她的小腿。凶險。居家，吉利。

解析　腓在足趾以上，為二爻之象。又，動其小腿，亦可有打算出行之意。此陰爻得位居中，與五有應，然處艮止之體，故宜靜不宜動，宜安居不宜出門，出行或有禍殃。

九三：咸、其股[1]，執、其隨[2]。往，吝[3]。

注釋　1 股：髀，大腿。2 執：執持。隨：指相隨大腿而動的小腿。參《艮・六二》：「艮其腓，不拯其隨。」3 吝：困難，不順利。

按，咸、執、吝協韻，又股、隨、往合韻，故這樣標點。

譯文 第三位，陽爻：撫弄她的大腿，把捉她的小腿。前往，有困厄。

解析 股處腓上，故三爻有股象。此爻陽剛得位，與上有應，但處艮止之終，且為四、五二陽所阻，所以不利前往。

九四：貞，吉，无悔[1]。憧（tóng）憧、往來[2]，朋從、爾思[3]。

注釋 1 无悔：通行本作「悔亡」，此從楚簡《易》改。悔、來、思同部協韻，應是。2 憧憧：意不定（玄應《一切經音義》引《說文》）；此為思念不絕或往來不斷的樣子。晉·左棻《離思賦》：「夜耿耿而不寐兮，魂憧憧而至曙。」3 朋：朋友；又可指朋貝，古代貨幣（參《坤》）。從：跟隨，順從。爾：你。思：楚簡《易》作「志」，為「心願」之意。

按，憧、從協韻，故點斷。

譯文 第四位，陽爻：占問，吉利，沒有悔恨煩惱。頻密往來，朋友隨順了你的心願。

解析　此爻也是相感應之意。謂朋友如你所願，與你頻密來往。

賞析與點評

「憧憧往來，朋從爾思。」

此爻含有兩種意思，全因為「朋」字在古代有不同意義。一種意思是指朋友，則句意是說：朋友果如你所願，與你密切來往。另一種意思，「朋」指作為貨幣的朋貝，那麼句意便變為：「朝思暮想，錢財終按你的心願歸聚於你。」也就是心想事成、財源廣進之意。而有趣的是，這後一種含意還有真實的個案可以印證。（例略。）

由於上古字少，故同音、同形詞多，一詞多義的現象比較常見，因此《易經》裏每有「一卦多義」、「一爻多義」的情況，需要仔細辨析。這正是「易無達占」的原因之一。

九五：咸、其脢（méi）[1]。无悔。

注釋　1 脢：背肉。

按，咸、脢、悔合韻，故點斷。

譯文　第五位，陽爻：撫弄她的肩背。沒有悔恨、煩惱。

解析　背在身之上頭之下，可當五爻之位。此爻陽剛中正居尊位，下應於二，故「无悔」。

上六：咸、其輔、頰、舌[1]。

注釋　1 輔：上牙牀骨；此泛指牙齒。《艮・六五》：「艮其輔。」可參。頰：面龐。

按，咸、頰通韻，輔、舌合韻，故這樣標點。

譯文　親吻她的牙齒、面頰、舌頭。

解析　頭在背之上，故上六言及「輔、頰、舌」等屬頭部之物。又，動其輔、頰、舌，亦有搖唇鼓舌，大放厥辭之意（見《象》傳），因爻處兑端，兑為口舌，主言語，故有此象。

三十二 恒

䷟（巽下震上）

本卦導讀——

《咸䷞》的卦義為感，感應則速，故又為迅疾、短促。而《恆䷟》是它的倒卦，卦義為長久、持久，純一其德，始終不變，即持久與專一。兩者恰成鮮明對照：《恆》卦希望天長地久，《咸》卦只在乎曾經擁有。

《恆》，卦體上震☳下巽☴，震為陽卦，為長男，巽為陰卦，為長女，剛上而柔下，猶夫婦同心持家，故能恆久；又震為雷，巽為風，雷風互動，風發雷奮，相得而益彰，故可恆久；又巽為順，震為動，順而動，乃天長地久之道：因此卦名為《恆》。

恆：亨，无咎，利貞。利有攸往[1]。

注釋　1 利有攸往：此句通行本與漢帛《易》有，而楚簡《易》無。據韻讀，亨、貞、往可互協，其義理亦與象數相合，故應以有此句為是。

譯文　《恆》卦：順利，沒有禍患，利於占問。利於有所往。

解析　上下卦陰陽諧協，而六爻皆兩兩（初與四，二與五，三與上）剛柔相應，暢達無礙，故「亨，无咎，利貞。利有攸往」。

初六，浚（jùn）恆[1]。貞，凶。无攸利。

注釋　1 浚：深，挖之使深，常指疏浚河牀或井牀。恆：久。

譯文　（自下而上）第一位，陰爻：持久深挖。占問，凶險。無所利。

解析　初爻居下，一開始即求深窮底，物何以堪？故「凶」。

九二：悔亡。

譯文　第二位，陽爻：悔咎消除。

解析　此爻陽剛得中，但以陽居陰，位不當，若能持守中道，則「悔亡」。

九三：不恆其德[1]，或承之羞[2]。貞，吝[3]。

注釋　1 **恆**：久。**德**：品格行為。2 **或**：有（時、人）；不定代詞。**承之羞**：猶「承其羞」。承，受。之，代詞；楚簡《易》作「其」。羞，恥、辱。3 **吝**：困難，不順利。

按，恆、德、承、貞協韻，故這樣標點。

譯文　第三位，陽爻：不能長保其德行，有時便會蒙羞受辱。占問，有困厄。

解析　三爻居下卦之終，巽為風為進退，有「不恆其德」之象，致招「承羞」之後果。

九四：田无禽[1]。

注釋　1田：獵。參《師・六五》：「田有禽。」

譯文　第四位，陽爻：打獵沒有獵得禽獸。

解析　上卦震為動為武，有田獵之象；但四爻失位，故勞而無獲。

六五：恆、其德。貞婦人，吉；夫子[1]，凶。

注釋　1夫子：指男士。

按，恆、德、子協韻，又人、吉協韻，故這樣標點。

譯文　第五位，陰爻：能長保其德行。占問婦女的事，吉利；占問男子的事，凶險。

解析　六五陰爻喻女性。此爻柔得中居尊位，與九二剛柔相應，下臨重陽（四、三爻），陰陽諧協，通利暢達，故「貞婦人，吉」。反之，九二陽爻喻男子，居巽體，巽為不果；欲上應五，却為同性之二、三爻所阻：故貞「夫子，凶」。

賞析與點評

「韋編三絕。」

這句話原出《史記》的《孔子世家》。是說孔夫子晚年喜歡鑽研《周易》，對其內容要義，反覆披覽求索，學而不厭，結果把串連竹簡的牛皮繩子（「韋」）也給磨斷了多次（三，虛數，表示多），但仍然自覺不足。《論語・子路》記載，孔子說：「南人有言曰：『人而無恆，不可以作巫醫。』善夫！『不恆其德，或承之羞。』」乃直接引用《恆》卦九三爻辭。聯繫近年出土的帛書《易傳》與傳世文獻的記述，可見孔子確曾精研《周易》，「韋編三絕」之說，並非虛妄。

上六：振恆[1]。凶。

注釋 1 振：通「震」，震動。恆：久。

譯文 最上位，陰爻：長期震盪。凶險。

解析 上爻以柔居上震之極，有「振恆」之象，而質弱難勝。不停震動則破壞力強，故呈「凶」兆。

三十三　遯

䷠（艮下乾上）

本卦導讀——

《遯》，卦義為隱退，避讓，有勸諭人功成身退或急流勇退、見好即收之意。

遯，字又作「遁」。卦體上乾☰下艮☶。乾為天，喻君子，艮為山，比小人，天下有山，山勢欲上侵天，猶小人勢盛，君子暫作退避，以免其害；又卦體二陰消陽，陰氣漸長至二（陰長至三爻則為《否》卦），陽氣日漸消殞，君子當及時遁避，始得亨通：故卦名為《遯》。

在「十二消息卦」中，為代表盛夏六月、陽氣盛極而衰季候之卦。

遯：亨。小利貞。

譯文　《遯》卦：順利。稍有利於占問。

解析　九五陽剛中正居尊位，六二柔得位得中，上下卦中爻剛柔相應，故「亨」通而有「利」。然陰氣已漸長，所以僅得「小利」。

初六：遯尾[1]，厲。勿用有攸往。

注釋　[1]尾：後（《廣雅．釋詁》），隨後。

譯文　（自下而上）第一位，陰爻：最後才隱遁，危險。不要有所往。

解析　初爻在下，稱「尾」。既然太遲隱遁會有危險，權衡利害，乾脆不走為妙。

六二：執之[1]，用黃牛之革[2]，莫之勝（shēng）[3]，說[4]。

注釋　1執：通「縶」，拴，捆；《詩・小雅・白駒》：「縶之維之。」2革：去毛的獸皮，此指皮繩。3勝：平聲，意為任，能擔當、禁受。4說：通「脱」。

按，之、革、勝通韻，故應這樣標點。除高亨先生《今注》外，諸本多以「莫之勝説」為一句，實誤。

譯文　第二位，陰爻：用黃牛皮繩捆綁，沒有人受得了，擺脱為妙。

解析　不堪嚴苛的束縛，要追求個人自由。本爻以此闡明「遯」隱的真義。

九三：係遯[1]，有疾，厲。畜臣妾[2]，吉。

注釋　1係：捆綁，維繫。2畜：養。臣妾：泛指奴僕。《書・費誓》：「臣妾逋逃。」孔傳：「役人賤者，男曰臣，女曰妾。」漢帛《易》作「僕妾」。

譯文　第三位，陽爻：羈留隱遁者，有病，危險。畜養男女奴僕，吉利。

解析　爻意表明，不宜強留去意已決的賢能之士。只宜培養新人，或訓練助手，以圖再舉。

九四：好遯[1]，君子，吉。小人，否[2]。

注釋　1好：愛好。2否：通「不」。

按，子、否協韻，又吉、人通韻，故這樣標點。

譯文　第四位，陽爻：喜好隱遁，君子吉利。小人〔不好遯，故〕不吉。

九五：嘉遯[1]。貞，吉。

注釋　1嘉：美，此指稱許。

譯文　第五位，陽爻：讚美隱遁。占問，吉利。

上九：肥遯[1]，无不利。

注釋　1肥：通「飛」；本或作「飛」。張衡《思玄賦》：「利飛遯以保名。」

譯文 最上位，陽爻：遠走高飛而隱遁，無所不利。

解析 此爻位不當，與下無應，而陽剛居《遯》卦之極，又處乾之終，乾為健行，正好高飛遠引，無罣無礙，故飛遯「无不利」。

三十四　大壯

䷡（乾下震上）

本卦導讀——

此卦有截然不同的兩種解釋，源於「壯」字使用了兩種不同意義：一種是常用義，指雄健、強壯；一種是假借義，壯讀為「戕（qiāng 槍）」，有受傷的意思。

從卦形、卦象看，《大壯》，義為大者壯盛。大，指陽爻。陽爻漸長，已至於四，意味陽氣壯旺，陰氣衰弱。又，卦義為威猛強盛，或壯大堅牢。卦體上震☳下乾☰。震為雷，乾為天，雷在天上，聲威甚壯；而乾為剛，震為動，剛強以動，亦聲勢壯盛：故卦名《大壯》。

在「十二消息卦」中，為代表仲春二月、陽氣始盛季候之卦。

另一解，壯讀為「戕」，傷也，卦義為嚴重受傷。因傷而止，故本卦又有停止之義，諸爻強欲前進者多見不吉。《大壯䷡》為《遯䷠》之倒卦，看來，作者有意利用此卦，為知進而不知退、不知適時遯避者敲響警鐘。

大壯：利貞。

譯文　《大壯》卦：利於占問。

解析　陽剛勢強，陰柔漸衰，正道方興而小道將滅，故「利貞」。

初九：壯于趾[1]。征，凶[2]。有孚[3]。

注釋　1 壯：通「戕」，傷。趾：足、腳（參《噬嗑．初九》）。2 征：遠行；或征伐。3 有孚：漢帛《易》、漢簡《易》作「有復」；孚，通復（兩者音近借用）。復，返回。

譯文　（自下而上）第一位，陽爻：傷了腳。征行凶險。返回去。

解析　初爻在下，有「趾」象。此爻得位，但與九四無應，且前遇重陽（二、三爻），同性相斥，阻阨重重，故有傷足「征，凶」之象。若占得此爻，出行（或出征）會有危險；如已在路途，宜盡速返回。

九二：貞，吉。

譯文　第二位，陽爻：占問，吉利。

解析　此爻陽剛得中，與上卦中爻六五剛柔相應，故「吉」。

九三：小人用壯[1]，君子用罔[2]。貞，厲。羝（dī）羊[3]，觸藩[4]，羸（léi）其角[5]。

注釋　1 用：以，表憑藉，倚恃。壯：健多力。2 罔：無，表否定。君子用罔，猶言「君子否」。3 羝羊：公羊。4 藩：籬。5 羸：又作「纍」、「纍」等（均見《釋文》），纏繞，牽絆。一說，羸，毀敗，缺折。

按，羊與壯、罔等協韻，故點斷。

譯文　第三位，陽爻：小人逞其強力，君子不可如此。占問，危險。公羊觝觸籬笆，牠的角被絆住（，進退兩難）。

解析　爻辭表明，欲恃「壯」而冒進、莽行者，有如羝羊觸藩，必惹一身麻煩卻無所得。這是對「君子」的告誡，提醒。

按，本卦與《遯》為倒卦，此爻與《遯．九四》成反對之象，故皆有「君子」、「小人」出現，義頗相因，可對看。

九四：貞，吉。悔亡。藩決[1]，不羸；壯于大輿之輹（fù）[2]。

注釋　1 決：開裂。2 壯：通「戕」，傷。輿：車。輹：此通「輻」，本又作「輻」（《釋文》），連接車轂和車輞的直條。

按，決、羸與三爻之厲、藩等協韻，故這樣標點。

譯文　第四位，陽爻：占問，吉利。悔疚消除。籬笆撞破了，羊角沒被絆住；〔終於〕撞向大車的輪輻而受傷。

解析　執意向前，不知遁避，終於受傷。
若占得此爻，意味起初獲得成功，但未能急流勇退，只顧恃「壯」銳進，最後便難免「戕」傷。為先吉後凶之兆。

六五：喪羊于易[1]。无悔。

注釋

1 喪：失；漢帛《易》作「亡」，逃逸。易：古本一作「埸」（見《釋文》），指田地、道路的邊界；又為道路之別名。

譯文

第五位，陰爻：在路邊走失了羊隻。沒有悔恨煩惱。

解析

爻居震（上卦）體，震為大塗（大路）；三至五爻互兑，兑為羊，為毀折；故有「喪羊于易」之象。本爻以陰居陽，位不當，但得中處尊，與下有應，故雖「喪羊」，仍可「无悔」。

賞析與點評

「喪羊于易。」「喪牛于易。」

顧頡剛先生在《周易卦爻辭中的故事》文中說：「易」（或稱「有易」）是上古邦國的名字，殷商之先公「亥」曾經客居於易，從事畜牧，後來亥因故被有易之君所殺，而喪失其牛羊。爻辭寫的就是那一事件。而《旅．上九》「喪牛于易」說的也同是王亥的故事。現在許多人都接受這種解釋。

王亥之名屢見於殷墟卜辭，王國維的名作《殷卜辭中所見先公先王考》對之有詳細考述。

但那是否確實與本爻內容有關，卻可斟酌，因為證據仍欠充分。所以，筆者寧採「在路邊走失牛羊」（易讀為「埸」）的解釋，雖然少了點歷史故事的吸引力，但能夠取得象數分析的支持，始終較為可靠。

上六：羝羊觸藩[1]，不能退，不能遂[2]。无攸利。艱[3]，則吉。

注釋　1 羝羊觸藩：注見三爻。2 遂：進。3 艱：難。

按，艱與退、遂協韻，故點斷。

譯文　最上位，陰爻：公羊牴觸籬笆，欲退不能，欲進不得。無所利。但經歷艱難，便可獲吉祥。

解析　爻居上震之極，已至卦終，進無可進，欲下應於三爻，又為同性之五所阻，故一時進退兩難。不過，由於此爻得位，與下為正應，只要艱貞自守，必將苦盡甘來，故終呈「吉」兆。

三十五　晉

☲☷（坤下離上）

本卦導讀——

待到傷患痊癒，便繼續前進。故《晉》卦接在《大壯》之後。

《晉》，卦義為進，以日出騰天，光明漸盛之象，喻指上升、前進的態勢與行動。卦體上離☲下坤☷，離為日為明，坤為地，太陽冉冉升離大地，故卦名為《晉》。而離又為甲冑、戈兵（見《說卦》），故全卦多言征戰之事。

晉：康侯[1]，用錫馬、蕃庶[2]，晝日三接[3]。

注釋 1 康侯：指周武王之弟康叔，名封，其始封地在康，故稱康叔，亦稱康侯，後於成王時徙封於衛，受賜頗多；今存世禮器有《康侯簋》等。2 用：以。錫：通「賜」。蕃庶：衆多。蕃，多；庶，衆。一說，蕃庶即蕃殖；則句意為「康侯用受賜之良馬蕃殖」。3 晝日：一晝間。三接：猶三捷。三，表示多；接，通「捷」，戰勝。《詩·小雅·采薇》：「一月三捷。」一說，接謂交配（參《坤·上六》）；三接，謂多次配種。按，侯、馬、庶、接合韻，故這樣標點。

譯文 《晉》卦：康侯由於受賜之良馬衆多，一天之內連戰皆捷。

解析 上離為日，喻君主，下坤為順為眾，喻大臣；有天子至明在上，公侯謙順於下，故賞賜衆多之象。而離又為甲冑、戈兵，有用武、殺伐之象，故「晝日三接」。

初六：晉如[1]，摧如[2]。貞，吉，〔悔亡。有〕孚，裕[3]，无咎。

注釋 1 晉：進。如：助詞，猶「焉」（參《離·九四》）。2 摧：退。3 悔亡有孚裕：今本原作「罔孚裕」，《說文》引作「有孚裕」，漢帛《易》作「悔亡復（孚）浴（裕）」，疑皆有錯漏。因初、二兩爻辭形式相仿，類似排偶關係，句子長短應大致相當，故特結合韻讀、義理與象數情況，試補正原文並加標點如上。孚，誠信。裕，寬容。

按，如、如、亡協韻，又孚、咎與二爻愁等協韻。

譯文 （自下而上）第一位，陰爻：前進，退守。占問，吉利，悔咎消除。內懷誠信，心胸寬廣，沒有禍患。

解析 初爻居下坤之始，上應九四，雖失位，但能「厚德載物」（《坤·象》），故終「无咎」。

六二：晉如[1]，愁如。貞，吉。受茲、介福[2]，于其、王母[3]。

注釋 1 如：注見初爻。2 茲：此。介：大。「大福，謂馬與蕃庶之物是也」（《集解》引九家注）。3 王母：祖母，即文王之母大任。一說指母親。王，尊大之稱。

按，茲、福、其、母協韻，又與如、如、吉合韻，故這樣標點。

譯文 第二位，陰爻：前進，發愁。占問，吉利。從他祖母那裏受此洪福。

解析　二爻居中得正，處坤體，坤為母，為容受（參初爻），故可受「王母」之大福而得「吉」。若占得此爻，會有一時之憂，但最終將獲得祐助而蒙福。

六三：衆允[1]。悔亡。

注釋　1 允：讀為「粇」，升進。《升．初六》：「允升。大吉。」

譯文　第三位，陰爻：衆人一起前進。悔咎消除。

解析　三居坤體，坤為衆，為順；此爻失位，但與上有應，且承陽（九四），利往，故呈「衆允」之象而「悔亡」。

九四：晉如[1]、鼫（shí）鼠[2]。貞，厲。

注釋　1 如：像；動詞。2 鼫鼠：田鼠，好食禾稼。本又作「碩鼠」，義同。《詩．王風．碩鼠》：「碩鼠碩鼠，無食我黍！」

按，如、鼠協韻，故點斷。

譯文　第四位，陽爻：像田鼠般瞻前顧後地前進。占問，危險。

解析　瞻前顧後，首鼠兩端，便是田鼠行進的模樣。此爻失位，不中不正，處「多懼」之地（見《繫辭．下》），故「厲」。

六五：悔亡。失、得，勿恤[1]。往，吉，无不利。

注釋　1 恤：憂。

按，亡、往協韻，失、恤、吉、利協韻，故如此標點。

譯文　第五位，陰爻：悔咎消除。不必顧慮得失。前去，吉利，無所不利。

解析　六五柔居中處尊位、君位，在離明之體，為離之主爻，光耀四海，故可勇往直前而無所不利。

上九：晉其角[1]，維用伐邑[2]。厲？吉？无咎？貞，吝。

注釋 1角：喻指精銳的前鋒部隊。與《姤・上九》「姤其角」句式同。一說，角謂角鬥、較量，作動詞。2維：發語詞，無義。用：以；表憑藉。

譯文 最上位，陽爻：挺進其鋒銳，用來攻打城邑。危險？吉利？還是無禍？占問結果是：有困厄。

解析 爻居上位，有「角」象。但陽剛居卦極，位不當，過乎銳進，雖具某些有利條件，而強攻則必「吝」。「厲？吉？无咎？」為事前考量的幾種可能結果。若占得此爻，須審時度勢，量力而為，不可冒失行事，否則將陷困境。

三十六　明夷

䷣（離下坤上）

本卦導讀——

《明夷䷣》為《晉䷢》之倒卦，《晉》卦為日出，本卦為日落，適成「反對」之象。《明夷》，卦義為光明熄滅；夷，滅。又義為光明受傷，猶日蝕，喻賢者見抑；夷，傷。又義為晦藏其明：闇主在上，明臣在下，不敢顯其明智。卦體上坤☷下離☲，離為日，坤為地，呈日入地中之象，故卦名為《明夷》。

又，明夷為鳥名，讀為「鳴雉」，明通「鳴」，夷通「雉」，即山雞（高亨《今注》）。

按，明夷在初、二、三、四爻取「鳴雉」之義，顯然與西周昭王、穆王南征事以及古代之「鳥占」習俗有關（詳見本書「導讀」之「《易經》的作者與著作年代」）。五、上爻則取「明入地中」之義。

明夷：利艱貞。

譯文　《明夷》卦：利於占問艱難的事。

解析　卦體外坤內離，離為明，坤為順，呈「內文明而外柔順」之象。能以柔順自晦其明德，於危難中不改其度，如周文王、箕子般善處逆境，故「利艱貞」。

初九：明夷、于飛[1]，垂其、〔左〕翼[2]；君子、于行，三日、不食。有攸往，主人、有言[3]。

注釋　1 明夷：在此應為鳥名，讀「鳴雉」。于：原為動詞，有往、在等義，後意義虛化，常置於動詞前，表動作的進行態，如「于歸」、「于飛」等，《詩經》多見。2 垂其翼：漢帛《易》作「垂其左翼」，當據加。《詩．小雅．鴛鴦》：「鴛鴦于飛，……戢其左翼。」3 攸：所。有言：有怨責、不滿之言。一說，言通「愆」，過失，災禍（《類纂》）。按，夷、飛合韻；其、翼、子、日、食、人協韻；又行、往、言合韻。故這樣標點。

譯文　（自下而上）第一位，陽爻：鳴雉飛行時，垂下牠左邊的翅膀；君子在路途，數天

解析　沒進食。有所往，接待的主人有怨言。

初爻處離體，離為雉，故有「鳴雉」之象。今或為傷病所困，或為險陷所阻，故又呈「垂翼」、「不食」之象。若占得此爻，意味雖然可達到目的，但中途阻滯甚多，到達後又會受人責備，過程不太愉快。

六二：明夷，夷于左股[1]。用拯馬[2]，壯，吉。

注釋　1 夷：後一夷字讀為「痍」，傷，為箭所傷。2 用：以；連詞，表假設關係。拯：讀為「乘」；乘馬，指乘坐、駕馭車馬。參《屯・六四》：「乘馬、班如。」按，夷、吉協韻，又股、馬、壯協韻，故應如此標點。諸本多誤。

譯文　第二位，陰爻：鳴雉傷了左腿。如果駕馭車馬，馬匹強壯，則吉利。

解析　二爻居中得正，承、乘皆陽，陰陽諧協，故「吉」。

九三：明夷，〔夷〕于南狩（shòu）[1]。得其大首[2]。不可疾貞[3]。

注釋　1後一夷字據漢帛《易》補。南狩：猶南征。狩，打獵，又可指征伐。《左傳．僖公四年》：「昭王南征而不復。」《史記．周本紀》：「昭王南巡狩不返，卒於江上。」金文《史牆盤》銘：「弘魯卲（昭）王，廣笞楚荊，唯狩南行。」2大首：大頭野獸；此指揚子鱷。中國特有的揚子鱷（或稱作鼉）早在殷商甲骨文裏已有記載，主要就分佈在長江中下游一帶，頭特大而身小（相對來説）是其重要體型特徵，故稱「大首」。昭王南征不復，卒於漢水，是葬身鱷魚之吻，故周穆王要為父王報仇（說詳本書「導讀」之「《易經》的作者與著作年代」）。3可：猶「利」（《類纂》）。

譯文　第三位，陽爻：嗚雉在南征狩獵中被射傷。獵獲那大頭怪獸。不利於占問疾病。

解析　離為雉，又為南方之卦。九三處離端，得位，與上有應，故南征有獲。三為坎（二至四）之主爻，坎為病，故不利疾病之占。

六四：〔明夷，夷〕于左腹[1]；獲明夷之心[2]，于出門庭[3]。

注釋　1首句通行本作「入于左腹」，此據漢帛《易》增改。左腹，心所在。2獲：得到。3門庭：宅院門，或祠廟門。庭，堂階前。

譯文 第四位，陰爻：鳴雉左腹受傷；在走出大門時，剜取了鳴雉的心肝。

解析 三爻寫捕獵鱷魚，四爻射殺鳴雉，剜心以祭：都是周穆王為告慰「南征不復」、死於非命的昭王之亡靈而進行的一場洩憤報復的狩獵行動。（詳見本書「導讀」之「《易經》的作者與著作年代」。）

六五：箕子、之明夷[1]。利貞。

注釋 1 箕子：商之賢臣，諫紂王，被貶為奴，於是被髮佯狂，又被紂王囚禁，至周武王滅紂，始釋其囚（見《書．洪範》）。之：助詞，有加強語氣作用。明夷：晦其明（《象》傳）；夷，滅。

按，子字入韻，故點斷。

譯文 第五位，陰爻：箕子蒙難，自晦其明。利於占問。

解析 六五柔得中，居尊位，但與下無應，且承、乘皆陰，同性相斥，故只宜晦明自保。

上六：不明，晦。初，登于天[1]，後，入于地。

注釋　1 登：升進。

按，明、初、地協韻，故這樣標點。

譯文　最上位，陰爻：光線不明，天色晦暗。太陽起初升上天空，後來落入地底。

解析　本爻處《明夷》之終，意味已屆晝夜交替、日薄西山、光明消失的時刻。此爻以天象喻人事，既有「夕陽無限」之歎，同時也表明由微而著，盛極則衰，是事物變化的自然法則，所以也無須過分感傷。

三十七　家人

䷤

（離下巽上）

本卦導讀——

顧名思義，《家人》，乃闡明家人相處之道與持家之理。卦體上巽☴下離☲。巽為入，離為居室（參初爻），故有「走進家中」之象；又巽為風，離為火，風火相生，似家人相依相成；九五陽爻居陽位，又為外卦之中位，六二陰爻居陰位，又為內卦之中位，兩者居中得正，剛柔相應，似男主外，女主內，家中男女位正；又離為明，巽為遜，有修明於內而謙遜於外之象，似持家之道：故卦名為《家人》。

家人：利女貞。

譯文　《家人》卦：利於占問女子的事。

解析　上巽、下離皆陰卦，二、四兩陰為主爻，皆得正位，承陽，又分別有應，故「利女貞」。

初九：閑有家[1]，悔亡。

注釋　[1] 閑：闌，防也（《釋文》引馬），指遮攔，防範。有：通「于（於）」（聲同韻通，故可通假），作介詞。《萃》卦「王假有廟」及《萃・九五》「萃有位」之「有」，皆與此同。

譯文　（自下而上）第一位，陽爻：在家中預設防範，悔咎消除。

解析　初爻得位，與上有應，故「悔亡」。離體外剛中虛，似「家」室；此爻處離之始，為其外廓，有防閑作用，故稱「閑」。

六二：无攸遂[1]，在中饋（kuì）。貞，吉。

注釋 1攸：所。遂：通「隊」，古「墜」字，失，落。2中饋：相對野饋而言，指家中之饋。饋，食（《釋文》），料理飲食之事；此泛指操持家務。

譯文 第二位，陰爻：沒有錯失，在家中主持家務。占問，吉利。

解析 此爻柔居中得正位，有婦女「在中」主事之象。上應九五，又承九三，柔順謙遜，無所失墜。故「吉」。

九三：家人嗃（hè）嗃[1]，悔，厲[2]，吉。婦子嘻嘻[3]，終吝[4]。

注釋 1嗃嗃：嚴厲貌。2厲：危。3嘻嘻：笑聲。4吝：困難，不順利。

譯文 第三位，陽爻：家人關係嚴肅冷峻，有煩惱，危險，但〔後來〕吉利。妻子兒女嘻嘻哈哈，終有困厄。

賞析與點評

「婦子嘻嘻，終吝。」意味深長。

《家人．九三》爻辭，說的是「修（身）、齊（家）、治（國）、平（天下）」中應怎樣「齊家」的問題。家長如果治家嚴格，可能會引起一時的怨怒，甚至造成關係緊張，但長遠而言，終會令家庭敦睦，子女成材，獲得好的結果。相反，假如放任自流，疏於防範管教的話，表面似乎融洽熱鬧，嘻嘻哈哈，但最後家庭很可能會出現危機（吝，便是困厄）。

當然，在今天的社會，於嚴格要求之外，還要善於引導；在保持家長尊嚴的同時，也要講究民主：這是現代家庭更高的要求。

六四：富家[1]。大吉。

注釋　1 富家：使家富。

譯文　第四位，陰爻：令家庭富裕。大吉。

解析　六四位當，為巽之主爻，巽為「近利市三倍」（《說卦》）；四又為離（三至五）之主爻，離為家（參初爻）：故有「富家」之象。

九五：王假（gé）有家[1]，勿恤[2]。〔往，〕吉[3]。

注釋　1假：通「格（各）」；至，到達。金文《免殷》：「王各于大廟。」《萃》：「王假有廟。」可參。有：通「于（於）」。2恤：憂。3往：據漢帛《易》補。按，家、往通韻，恤、吉協韻，而爻象亦合，故應有「往」字。

譯文　第五位，陽爻：君王駕臨家中，不必憂慮。前去，吉利。

解析　九五陽剛居中得正，處王者之尊位，六二亦居中正之位，兩中爻剛柔相應，故「吉」。上巽為入，下離為家（參卦辭），五應於二，故「王假有家」。

上九：有孚[1]，威如[2]。終吉。

注釋　1孚：信。2威如：威嚴的樣子。《大有·六五》：「厥孚交如，威如。」

譯文　最上位，陽爻：胸懷誠信，又有威儀。最終吉利。

解析　陽剛居《家人》之極，為全家之長。既有誠信，又有威儀，故終獲吉祥。

三十八 睽

䷥（兌下離上）

本卦導讀——

《睽䷥》與《家人䷤》為倒卦，義亦相反：《家人》「閉門一家親」；《睽》卦則專述出門在外的經歷、見聞與感受。

《睽》（kuí 葵），卦義為乖，背離，指離家在外；又為乖異、相違。卦體上離☲下兌☱。離為火，兌為澤，火動向上，澤動向下，互相背離；又離為中女，兌為長女，共居一室，而志向各異：故卦名為《睽》。

睽：小事吉[1]。

注釋 1 小事：「國之大事，在祀與戎」（《左傳．成公十三年》），其餘即小事。

譯文 《睽》卦：小事吉利。

解析 上卦六五柔得中處尊位，與下卦中爻九二剛柔相應，君陰而臣陽，陰為小，得陽之應，故「小事吉」。

初九：悔亡。喪馬[1]，勿逐[2]，自復[3]。見惡人[4]，无咎。

注釋 1 喪：失。2 逐：追。3 復：返。4 惡：指形殘貌醜，或品行差劣。《書．洪範》：「五曰惡。」孔傳：「惡，醜陋。」又《廣韻》：「惡，不善也。」《孟子．公孫丑》：「不與惡人言。」

按，亡、馬通韻，逐、復、咎通韻，故這樣標點。

譯文 （自下而上）第一位，陽爻：悔咎消除。丟失馬匹，不用追尋，自己會回來。看見醜惡之人，沒有禍患。

解析　失馬自回，見惡人亦無害，故曰「悔亡」。初爻居陽得位，只要蓄勢待時，暫勿輕舉妄動，便可「无咎」。

九二：遇主、于巷[1]。无咎。

注釋　1 主：指招呼食宿的居停主人。巷：里巷，胡同；直為街，曲為巷。按，主、巷為韻，故點斷。

譯文　第二位，陽爻：在巷子裏遇到主人家。沒有禍患。

解析　離體中虛，有里巷之象；二爻上應六五，五居尊位、君位，為「主」；故「遇主於巷」。

六三：見輿曳（yè）[1]，其牛掣（chè）[2]，其人天、且劓（yì）[3]。无初，有終[4]。

注釋　1 輿：車。曳：牽，引。2 掣：拽，拉。3 天：「顛」的本字，頭頂，額部；此指在額上刺字的刑罰，「黥（jīng 京）額為天」，又稱墨刑。劓：「割鼻為劓」，古代酷刑之一。4 有終：見《坤・六三》。

按，天、劓為韻，故點斷。

譯文　第三位，陰爻：看見車子被拖行，那牛起勁地拉，那人額上刺字，鼻子割掉。開頭不妙，最後有好結果。

解析　此為離家之旅人於路途所見：一「刑徒」正趕着牛在吃力地拉車。此爻位不當，故「无初」；與上有應，而前遇陽（九四），利往，故「有終」。若占得此爻，意味起初艱難，最後終達目的。

九四：睽孤[1]，遇元夫[2]，交孚[3]。厲，无咎。

注釋　1 睽：乖違；指離家在外。2 元夫：彪形大漢。元，極大，最大，此指身材高大；夫，丈夫（《說文》），男子漢。3 交孚：謂同德互信。交，交互。孚，信。

按，孤、夫協韻，孚、咎協韻。

譯文　第四位，陽爻：離家旅人孤單之際，遇到個彪形大漢，互相信任。危險，沒有禍患。

解析　爻意說，與陌生的彪形大漢狹路相逢，本來擔心會有危險，但最終平安無事。

六五：悔亡。厥（登）宗[1]，噬（shì）膚[2]。往，何咎？

注釋　1 厥：楚簡《易》作「陞」，漢帛《易》作「登」，皆升進之義。宗：祖廟。2 噬膚：吃肉。見《噬嗑・六二》。

按，亡、膚、往協韻，宗、咎協韻，故這樣標點。

譯文　第五位，陰爻：悔咎消除。走進宗廟吃肉。前去，又有甚麼禍患？

解析　在宗廟吃肉，當有喜慶之事，故「往」而「无咎」。六五柔居中處尊位，承、乘皆陽，陰陽諧協，自然「悔亡」。

上九：睽孤[1]，見豕負塗[2]，載鬼一車[3]。先張之弧[4]，後說之弧[5]。匪寇，婚媾[6]。往，遇雨、則吉。

注釋

1 睽：注見四爻。2 豕負塗：豕背有泥。負，以背載物；塗，泥，爛泥巴。3 鬼：是指迎親隊伍的化妝塗飾，或與圖騰形象有關。4 之：其。弧：弓。按，後一弧字或作「壺」（見漢帛、簡《易》，《釋文》等），則句意為先是張弓搭箭戒備，後解壺送酒水歡迎。5 說：通「脱」，弛放。6 匪寇婚媾：又見《屯・六二、六四》、《賁・六四》。

按，孤、塗、車、弧、弧、雨、往協韻，又寇、媾協韻，故這樣標點。

譯文

最上位，陽爻：離家旅人孤單之際，看見有頭豬背上全是泥巴，又有輛車載滿鬼魅。起初拉開他的弓戒備，後來放下他的弓。那些人不是寇盜，是來迎親的。前去，遇雨會吉利。

三十九　蹇

䷦（艮下坎上）

本卦導讀——

有道是：「在家千日好，出門半步難。」故《蹇》卦接在《睽》卦之後。

《蹇（jiǎn 剪）》，卦義為險阻艱難。卦體上坎☵下艮☶。坎為陷為險，艮為止，有險難在前，止而不進之象；又坎為水，艮為山，山是岩險，水為阻難，山上有水，彌增險艱：故卦名為《蹇》。

蹇：利西南，不利東北。利見大人[1]。貞，吉[2]。

注釋　1大人：有身份地位的人，指王侯貴族、高官之類。2貞吉：諸本有，楚簡《易》無。按，人、貞、吉協韻，而爻象亦合。故應以有「貞吉」為是，楚簡脱漏。

譯文　《蹇》卦：利西南方向，不利東北方向。利於見貴人。占問，吉利。

解析　蹇字的本義為跛（《說文》），跛足則難行，是以引申為難。蹇故不宜登山涉水，須遇險而止。按《說卦》，西南是坤位，坤為地，地勢平順，東北是艮位，艮為山，山勢高危，跛蹇者自然「利西南，不利東北」。又，武王伐紂前，周邦處西，殷商在東，而周之西南面又多友好方國，故往「西南」則有「利」；往「東北」則「不利」。又卦中九五陽剛得中居尊位、君位，與下卦中爻六二剛柔相應，故占問得「吉」。

初六：往蹇[1]，來譽[2]。

注釋　1蹇：難。2譽：稱美，讚揚。漢帛《易》作「輿」，車也；謂乘車而回。

譯文 （自下而上）第一位，陰爻：前往遭遇險難，歸來受到稱讚。

解析 此爻居艮止之始，失位，與上無應，前遇坎（二至四爻），坎為陷，若勉強前往，必陷於險，故「往蹇」。若返回本位，等待時機，反有成功機會，故「來譽」。

六二：王臣蹇蹇[1]，匪躬之故[2]。

注釋 1 臣：漢帛《易》作「僕」。臣、僕，奴僕的通稱。蹇蹇：疲累難行之貌。2 匪躬之故：意謂乃為國事而非為己事奔波勞瘁。匪，通「非」，楚簡、漢帛《易》作「非」。躬，自身。故，因由；又釋事（《廣雅．釋詁》）。

譯文 第二位，陰爻：君王的臣僕飽歷險難，非因私事的緣故。

解析 二爻上應於五，五居君位，故二為「王臣」；二至四爻互坎，上卦亦為坎，二往應五，須歷重坎，坎為險陷，故有「王臣蹇蹇」備歷辛勞之象。

九三：往蹇[1]，來反[2]。

注釋　1 蹇：難。2 反：覆，顛倒。此指境況相反。

譯文　第三位，陽爻：前往遭遇險難，歸來安適舒坦。

解析　九三前遇坎，坎為險陷，故「往蹇」。此爻陽剛得位，與上有應，且乘、承皆陰（二、四爻），陰陽諧協，故「來」歸本位更好。

六四：往蹇[1]，來連[2]。

注釋　1 蹇：難。2 連：通「輦（niǎn）」，用人拉的車；此用作動詞，指坐輦。

譯文　第四位，陰爻：前往遭遇險難，歸來安車代步。

解析　六四失應於初，而居重坎之中，坎為險，故行「往」則「蹇」。但此爻位當，且承、乘皆陽（五、三爻），陰陽諧協；而坎又為輿為曳，有「輦」象：故歸「來」本位可安然乘「輦」。

九五：大蹇，朋來。

譯文　第五位，陽爻：遭遇重大險難（或貴人遇險難），朋友齊來相助。

解析　九五陽剛處上坎之中，得位居尊，陽為大，坎為險難，故有「大蹇」之象。此爻乘、承皆陰，下應六二，群陰畢至，陰陽諧協，故又有「朋來」之象。若占得此爻，雖會遇困境，然大得友人之助。

上六：往蹇，來碩[1]。吉，利見大人。

注釋　1 碩：大；此指大的成果。

譯文　最上位，陰爻：前往遭遇險難，歸來大有所獲。吉利，利於見貴人。

解析　上爻居《蹇》難之極，處坎險之終，前無去路，強「往」必「蹇」。而此陰爻得位，又下比於五，而應於三：九三居艮（下卦），陽為大，艮為果蓏，故若「來」歸則可得「碩」果。「大人」，指九五爻。

四十 解

䷧（坎下震上）

本卦導讀——

《解䷧》為《蹇䷦》之倒卦，義亦相反：《蹇》為險阻艱難，《解》為舒散緩解。《解》，卦義為舒緩，消釋，解放。卦體上震☳下坎☵，震為雷，坎為水為雨，雷雨並作，天地開解，草木舒放萌發；又震為動，坎為險，外動而內險，動於險之外，意味擺脱險境，患難消除：故卦名為《解》。

解：利西南。无所往，其來復[1]，吉；有攸往[2]，夙（sù）[3]，吉。

注釋 1復：返。2攸：所。3夙：早。

按，復、夙與初爻咎協韻，故這樣標點。

譯文 《解》卦：利西南方向。沒有前往的目標，就返回吉利；如有前往的目標，及早動身吉利。

解析 《解》為《蹇》之反，舒緩放散，化鬱脱難。按《說卦》，西南是坤位，坤為地，地勢平順，正合「解」之道，故「利西南」；而武王伐紂前，周邦處西，殷商在東，周之西南面又多友好方國，故對周人來說，往「西南」則有「利」。

初六：无咎。

譯文 （自下而上）第一位，陰爻：沒有禍患。

九二：田[1]，獲三狐[2]，得黃矢[3]。貞，吉。

注釋　1田：獵。2三：表示多。孔穎達《正義》：「三為成數，舉三言之，搜獲備盡。」3黃矢：銅箭頭，其色金黃，故稱。

按，田、矢、吉協韻，故這樣標點。

譯文　第二位，陽爻：打獵，獵得多隻狐狸，得到黃銅箭鏃。占問，吉利。

解析　既有獵獲，又得藏於獸體內的銅矢（當時屬貴金屬），自然吉利。此爻陽剛得中，與上有應，可以舒放心懷，縱情射獵，因而收獲甚豐。

六三：負且乘[1]，致寇至。貞，吝[2]。

注釋　1負：以肩背載物。乘：坐車。2貞吝：諸本有，楚簡《易》無。按，乘、貞、吝協韻，而爻象亦合，故應以有「貞吝」為是，楚簡脱漏。

譯文　第三位，陰爻：背着東西乘車，招致強盜到來。占問，有困厄。

解析　古代「小人」負物，「君子」乘車；現在卻既負物又乘車，其物之貴重可知，自然惹人注目，所以招致寇盜到來。這是放鬆警覺——亦即「解」的另一種表現。此爻以陰居陽，位不當，與上無應，又居兩坎之間，坎為盜，故「致寇至」而「吝」。

九四：解而拇[1]，朋至斯孚[2]。

注釋　1而：與爾、汝同屬古泥紐字，互通；第二人稱代詞。漢帛《易》作「其」。拇：足大指；指代腳。2斯：助詞，有加強語氣作用。孚：讀為「符」，符合、相應。

譯文　第四位，陽爻：放開你的腳步〔前行〕，朋友自會到來和你應合。

解析　上卦震為足為行，四爻居震始，有「拇」象。本爻位不當，但與初爻有應，且承、乘皆陰，陰與陽為「朋」，故初、三、五、上諸爻均與四爻親和應合。

六五：君子、維有解[1]，吉。有孚于小人[2]。

注釋　1君子：指貴族士大夫。維：繫物之繩索。2孚：符合、相應。小人：指小民百姓。

譯文 第五位，陰爻：君子解開了束縛，吉利。合符小民百姓的願望。

解析 君子解除小人的某些束縛（如放寬限制，給予某些自由或利益之類），自會得到他們的支持、擁戴，這當然吉利。六五柔得中居尊位，有「君子」之象；下應於二爻，故「有孚于小人」。

上六：公用射隼（sǔn）于高墉（yōng）之上[1]，獲之[2]，无不利。

注釋 1 用：助詞，表實施、進行某事。參《屯》卦。隼：又稱鶻，鷹類猛禽。墉：城牆。

2 獲：射中，獵得。

譯文 最上位，陰爻：王公在高峻的城牆上射鷹，射中了，無所不利。

解析 這是自由縱放、隨心所欲——「解」的最高表現。上卦震為公侯（參《屯》卦），有用武、射獵之象（參《師·六五》），而上爻居卦極，正處「高墉」之位，所以呈此爻象。

賞析與點評

「公用射隼于高墉之上，獲之，无不利。」

孔子說：「隼者，禽也。弓矢者，器也。射之者，人也。君子藏器於身，待時而動，何不利之有？」（《繫辭・下》）孔子所強調的是「先利其器」與「把握時機」二者，與《易經》本文的着重點似有所不同。

看來，更完善的理解應當是：孔子特意詳卦爻之所略。也就是說，必須「先利其器」（裝備自己），同時確定目標（獵射猛禽），然後選好有利的地點、位置（「于高墉之上」），再「待時而動」。這些準備工夫和操作步驟，對每個希望成就一番事業的「君子」來說，都不可少。

四十一　損

䷨（兌下艮上）

本卦導讀——

過度的自由放縱會招致損失，故《解》卦之後接以《損》卦。

《損》，卦義為失，減損，取損下益上之象。卦體上艮☶下兌☱。艮為山，兌為澤，山下有澤；三至五爻互坤，坤為地：損澤之土，益山之高，故山在地之上，澤在地之下。又以卦爻言，由《泰䷊》卦損其下卦上畫之陽，益其上卦之上畫（即九三陽爻與上六陰爻互易），即成此卦。故卦名為《損》。

損：有孚[1]，元吉，无咎，可貞。利有攸往。曷之用二簋[2]？可用享[3]。

注釋　1孚：信。2曷：何。簋：古代盛黍稷等食物的器具。3享：獻祭。

按，孚、咎、簋協韻，故應這樣標點。《集解》、《正義》、《本義》各本斷作「曷之用，二簋可用享」，非是。

譯文　《損》卦：胸懷誠信，極其吉利，沒有禍患，占問的事可行。利於有所往。兩碗食物用來幹甚麼？可用來祭祀。

解析　上艮為陽卦，下兑為陰卦，六爻亦兩兩剛柔相應（初與四、二與五、三與上），故「有孚，元吉，无咎，可貞。利有攸往」。《正義》云：「行『損』之禮，貴乎誠信，不在於豐」。故「二簋可用享」。

初九：巳事遄（chuán）往[1]。无咎。酌損之[2]。

注釋　1巳：通「祀」；《集解》本作「祀」，虞翻注：「祭祀。」遄：速。2酌：酒。《禮記·曲禮》：「清酒曰酌。」這裏指代祭品。

譯文　（自下而上）第一位，陽爻：〔遇到〕祭祀的事情迅速前往。沒有禍患。祭品可減少些。

解析　「遄往」表示誠意，這是原則性，故須強調；祭品的數量多寡反而不那麼重要，故可靈活處理。爻辭之意可與《萃．六二》、《既濟．九五》互參。

九二：利貞。征，凶。弗損益之。

譯文　第二位，陽爻：利於占問。征行，凶險。不要減損或增益它。

解析　九二陽剛得中，上應於六五，本利往，然此爻失位，兼處震（二至四爻）、兌之體，震為行，兑為毀折，意味行則毀折，故呈「征，凶」之兆。若占得此爻，宜維持現狀，固守中道，方可得「利」。

六三：三人行，則損一人；一人行，則得其友。

譯文　第三位，陰爻：三人同行，會損折一人；一人獨行，會得到他的朋友。

解析　按爻意，若占得此爻，宜於一人獨力任事。

六四：損其疾，使遄有喜[1]。无咎。

注釋　1 遄：迅速。有喜：謂病癒。喜，指喜慶之事（參《无妄·九五》）。

譯文　第四位，陰爻：減輕他的疾病，令迅速痊癒。沒有禍患。

解析　此爻得位，與九二剛柔相應，故其疾可迅速治癒。

六五：或益之、十朋之龜[1]，弗克違[2]。元吉[3]。

注釋　1 或：有（人）；代詞。益：增加；此指饋贈。一說，讀為「錫」，賜予（《類纂》）。十朋：極言貴重。朋為上古貨幣單位，十貝為朋，十朋即百貝（注見《坤》）。2 克：能夠。違：背；此指逆人之好意。3 元：最大。

按，之、龜協韻，故點斷。

譯文 有人贈給他價值十朋的大寶龜，不可推卻。極其吉利。

解析 古人用龜卜，龜越老越大則越靈，《書・大誥》云：「用寧王（文王）遺我大寶龜，紹（卜問）天明（命）。」可見其珍貴。六五柔居中處尊位，與下卦中爻九二剛柔相應，能虛己待人，陰陽諧協，故得靈龜之贈而有上吉之兆。

上九：弗損益之，无咎。貞，吉；利有攸往。得臣、无家[1]**。**

注釋 1 得臣无家：即「得无家之臣」，定語後置；句式與《旅・六二》：「得童僕貞」同。臣，奴僕的通稱，漢帛《易》作「僕」。家，指家室。

按，貞，吉、臣協韻，又往、家通韻，故這樣標點。

譯文 最上位，陽爻：不要減損或增益它，沒有禍患。占問，吉利；利於有所往。會獲得單身的奴僕。

解析 若占得此爻，最好不要作出變動、調整（如部門擴張、合併或裁員之類），而出行（包括向外發展）會有所得。意味「損極則益」，將有新的機會到來。

四十二　益

䷩（震下巽上）

本卦導讀——

「損」極則「益」。《益䷩》為《損䷨》之倒卦，義亦相反：《損》為減少、失去；《益》為增加、獲益，或相助益。

卦體由《否䷋》卦損其上卦初畫之陽，益其下卦之初畫，即九四陽爻與初六陰爻互易而成，有損上益下之象；又下卦震☳，震為雷，上卦巽☴，巽為風，風烈則雷迅，雷激則風怒，兩相裨益；又上巽為遜順，下震為動，順理而動，必可得益：故卦名為《益》。

益：利有攸往。利涉大川。

譯文　《益》卦：利於有所往。利於涉渡大河。

解析　下震為陽卦，上巽為陰卦，而諸爻亦兩兩剛柔相應（初與四、二與五、三與上），故「利往」。又巽為木，為風，震為行，二至四爻互坤，坤為大川（參《坤》），乘風駕木（船、筏）而行，故「利涉大川」。

初九：利用為大作[1]。元吉[2]，无咎。

注釋　1 用：于（於）。為大作：進行大規模興作。作，指建築之事。如《詩·鄘風·定之方中》：「作于楚宮。」又《小雅·鴻雁》：「百堵皆作。」皆指興建宮室居所。周原甲骨：「其又（有）大作。」（H1:1）2 元：最大。

譯文　（自下而上）第一位，陽爻：利於大興土木。極其吉利，沒有禍患。

解析　初九得位，乃震之主爻，而震為動，故利於興作。

六二：或益之、十朋之龜，弗克違[1]**。永貞**[2]**，吉。王用享于帝**[3]**，吉。**

注釋 1 或益之、十朋之龜，弗克違：注見《損．六五》。2 永：長，久遠。《坤．用六》：「利永貞。」用：動態助詞，表示進行某事。3 享：祀。《隨．上六》：「王用亨（享）于西山。」

譯文 第二位，陰爻：有人贈給他價值十朋的大寶龜，不可推卻。占問長遠前景，吉利。君王祭祀上帝，吉利。

解析 此陰爻居中得正，與上卦中爻九五剛柔相應，故「吉」。按，《益》為《損》之倒卦，《益．六二》與《損．六五》適成反對之象，爻辭亦類同，可互參。

六三：益之[1]**，用凶事**[2]**，无咎。有孚**[3]**，中行（háng）告公**[4]**，用圭**[5]**。**

注釋 1 益：助益。2 用：以；前一字表原因，後一字表方式、憑藉。凶事：指喪亡、災荒、寇亂等重大不幸事件。3 孚：誠信。4 中行：半路中途，或道路中間。行，道路。5 圭：又作珪（《伯 2》），古玉器名，古代貴族執以為信，在朝聘、祭祀、喪葬等禮儀場合用之。《論語・鄉黨》：「執圭，鞠躬如也。」

按，益、之、事、咎、孚、公、圭皆入韻字，故這樣標點。

譯文　第三位，陰爻：因凶禍之事而予人幫助，沒有禍患。胸懷誠信，在中途執珪禀告王公。

解析　六三居震體，震為動，又與上九有應，故有助「益」別人之事發生。本卦三、四爻皆處卦體中央，故稱「中行」。

六四：中行告公[1]，從。利用為依（yīn）遷國[2]。

注釋　1 中行：注見六三。2 用：于（於）。依：讀為「殷」，指殷商，爻辭似指周公東征之事（《新證》、《通義》）：武王伐紂後，仍封紂子武庚於殷都統領殷遺民，到武王崩，武庚叛，成王命周公東征平亂誅殺武庚，以殷虛為衞國，改封殷宗室微子啟於商丘（今屬河南省），國號宋。「為依遷國」蓋指此事。

譯文　第四位，陰爻：在中途禀告王公，王公聽從。利於為殷商遷移封國。

解析　六四得位，下應於初，故辦事左右逢源，得心應手，無不如意。

九五：有孚惠心[1]。勿問，元吉。有孚惠我德。

注釋　1孚：符合，相應。惠：甲骨文作叀，通維、惟；此作介詞，猶「于」。《坎》：「有孚維心，亨。」句意仿此，可參。

譯文　第五位，陽爻：胸懷誠信，心意相通。不須占問，極吉無疑。合於我的德行。

解析　合乎我的心意，合於我的德行；意謂彼此同心同德。
九五陽剛居中得正履尊位，與下卦中爻六二剛柔相應，且下乘重陰（四、三爻），陰陽諧協，意味上下相「孚」，無往而不順，故呈「元吉」之佳兆。

上九：莫益之，或擊之[1]。立心勿恆[2]，凶。

注釋　1或：有（人）。2勿：無。恆：常，長久。

譯文　最上位，陽爻：無人助益他，卻有人打擊他。（這是由於）立志不夠堅定，放棄自我修為，凶險。

解析　又到物極必反的時候：因為長期獲益，志得意滿，放鬆警惕，自我膨脹，故終於自食其果，受到孤立和打擊。

四十三　夬

䷪（乾下兌上）

本卦導讀——

《夬（guài）》，猶決，缺，取上缺之形，寓意決裂、決絕。

卦義為決斷，斷然處置，取五剛決一柔之象：陽氣漸長至於五，剩一陰爻苟延殘喘，衆剛爻斷然處置之，意味君子道長，小人道消。

又，義為分決，潰決。卦體上兌☱下乾☰，兌為澤，為水，乾為天，水氣上天，決降成雨，意味君子當施恩德於衆人。故卦名為《夬》。

在「十二消息卦」中，為代表暮春三月，陽氣大盛季候之卦。

夬：揚于王庭，孚號[1]。有厲，告自邑[2]。不利即戎[3]。利有攸往。

注釋

1 揚：稱揚。金文《令簋》：「令敢揚皇休（美）。」王庭：「百官所在之處」（《正義》）。孚：俘的本字，甲骨、金文多見，如：「克孚二人。」（《殷墟文字甲編》393片）此作名詞，俘虜。號（háo）：大聲哭叫，呼喊。2 厲：危險；此指敵人入侵消息。此句猶甲骨文所云：「有祟！……允有來艱（災難）自西。沚戠告曰：『土方征于我東鄙，戋（傷害）二邑，𢀛方亦侵我西鄙田。』」（《甲骨文合集》605片正面）按，此句或斷作「孚號有厲」，則「有厲」當為聲音淒厲之意。有，助詞，猶《詩·檜風·羔裘》「日出有曜」之「有」，無義。邑：此指邊地城邑。3 即：就，靠近。戎：兵器；指代軍隊或戰爭。

譯文

《夬》卦：稱頌（戰績）於君王朝廷，俘虜號哭着。有危急軍情自邊邑來報告。不利於出兵接戰。利於有所往。

解析

陽氣大盛，要決斷僅餘之陰爻，故全卦多有緊張激烈的場面出現。

初九：壯于前趾[1]，往，不勝[2]。為咎[3]。

注釋　1 壯：通「戕」，傷。《大壯・初九》：「壯于趾。征，凶。」前趾：當指腳趾。2 勝：平聲，意為任，指承擔、禁受。或釋為戰勝，則句意為不能取勝。3 為：有（《釋詞》）。

譯文　（自下而上）第一位，陽爻：傷了腳趾，前去，支持不了。有禍患。

解析　初爻在下，有趾象。此爻得位，但與四無應，又前遇重陽（二、三爻），同性相斥，阻阨甚多，若勉強前去，必有禍殃。

九二：惕號[1]，莫夜有戎[2]。勿恤[3]。

注釋　1 惕：戒懼。楚簡《易》作「啻」，通「惕」，或讀為「啼」，亦可。號：叫，呼喊。2 莫：同「暮」。戎：軍隊，戰事。3 恤：憂。

譯文　第二位，陽爻：警覺呼叫，入夜有軍情。不必憂心。

解析　九二以陽居陰失位，與上無應，且承、乘皆陽，同性相斥，前後受敵，故呈不安之象。但爻居中位，意味能行正中之道，只要提高警惕，終會有驚無險，所以不必耽憂。

九三：壯于頄（qiú）[1]，有凶。君子，夬（jué）夬、獨行[2]，遇雨、若濡（rú）[3]。有慍（yùn）[4]，无咎。

注釋　1 壯：傷。頄：面顴。2 夬夬：獨行之狀。一說，借為「趹趹」，急行貌。3 若：漢帛《易》作「如」，動詞。濡：漬，霑濕，浸濕。4 慍：怒，生氣。楚簡《易》作「厲」。按，子、夬、雨皆入韻字，故點斷。

譯文　第三位，陽爻：傷了面頰，有凶險。君子獨個兒急急行走，碰到下雨，淋得濕透。雖然令人不快，總算沒有禍患。

解析　此爻位當，與上正應，故雖有不快，也終得「无咎」。

九四：臀（tún）无膚[1]，其行、次且（zī jū）[2]。牽羊[3]，悔亡。聞言、不信[4]。

注釋　1 臀：屁股。膚：肉（《廣雅》）。「臀无膚」為受刑或受傷之象。2 次且：本又作「趑趄」，行走困難的樣子。3 牽羊：表示歸順、投降。《左傳・宣公十二年》：「楚子圍鄭，克之，……鄭伯肉袒牽羊以逆。」杜注：「肉袒牽羊，示服為臣僕。」4 信：誠實可靠。「聞言不信」，即「聞不信之言」，定語後置，句式同《損．上九》：「得臣无家。」《詩．鄭風．揚之水》：「無信人之言，人實不信。」

按，膚、行、且、羊、亡協韻，又亡與言、信等合韻，故這樣標點。

譯文 第四位，陽爻：臀部沒塊好肉，他走起路來趔趔趄趄。「牽羊歸順會令悔咎消除。」聽起來這話靠不住。

解析 爻居上卦之始，有「臀」象。此爻陽居陰位，不中不正，又與下無應，故呈「无膚」難行及「聞言不信」之象。

九五：莧陸[1]，夬夬、中行[2]。无咎。

注釋 1 莧：當為萈（huán），「山羊細角者」（《今注》引《說文》）。陸：騰躍。《莊子．馬蹄》：「馬翹尾而陸。」《釋文》引司馬彪注：陸，「跳也。」2 夬夬：注見三爻。中行：道路中間。

按，陸、咎通韻，夬、行合韻，故這樣標點。

譯文 第五位，陽爻：山羊蹦蹦跳跳，獨在路中迅跑。沒有禍患。

解析 全卦多寫戰爭情景，此爻卻閃出個山羊蹦跳迅跑的鏡頭，與人們傷殘纍纍、驚恐叫號的場面形成對照，那可能真是當日戰場的實景，但更應是文章高手藝術技巧的表現。
九五與下失應，但居尊得正，故可「无咎」。

上六：无號[1]，終有凶。

注釋 1 无：楚簡《易》作「忘」。號：叫，呼喊。

譯文 最上位，陰爻：忘記呼喊，終有凶險。

解析 敵軍來襲，卻失去警覺，後果自是不堪設想（情況與九二爻相反）。
上六以陰柔居卦之極，下乘衆陽，為其所「決」，形勢窮蹙，不得久長，故「終有凶」。

賞析與點評

有人認為：夬即古玦字，乃「似環而有缺」之玉佩，寓意決裂、決絕，《夬》卦卦體即象其形（尚秉和《周易尚氏學》引王育說）。這見解不無道理。

古人佩玉玦，除為了裝飾、禮儀之外，還有實際用途：比如用來提醒自己或他人要當機立斷，而不可優柔寡斷；所謂「當斷不斷，反受其亂」。歷史上，在「鴻門宴」上演的著名一幕便提供了生動的例子。

據《史記．項羽本紀》載，飲宴當日，「范增數目項王，舉所佩玉玦以示之者三，項王默然不應。范增起，出召項莊」，接着便出現「項莊舞劍，意在沛公」的驚險場面，其後因樊噲闖入「踩場」，刺殺圖謀才未能成事。

在宴會中，范增向項王多次使眼色，又一再舉起身上佩戴的玉玦向他示意，就是催促項羽要當機立斷，下決心殺掉劉邦，以除後患。

四十四　姤

䷫

（巽下乾上）

本卦導讀——

《姤䷫》為《夬䷪》的倒卦，義亦相反：《夬》為決裂、分決；《姤》為婚媾，遇合。

《姤（gòu）》卦，本又作「遘」（見《釋文》），通「媾」，義為遭逢，相遇，或男女結合。取一陰遇五陽，或一陰始生，天地相遇之象。卦體上乾☰為陽卦，下巽☴為陰卦，有陰陽媾合之象；又上下卦皆陽剛居中得正，猶君得剛正之臣，臣遇中正之君；又乾為天，巽為風，天下有風，無物不遇，人君亦效此而誥命四方：故卦名為《姤》。

在「十二消息卦」中，為代表仲夏五月，陽氣初褪、陰氣始生季候之卦。

姤：女壯，勿用取女[1]。

注釋 1 勿用取女：又見《蒙・六三》爻辭。取，同「娶」。

譯文 《姤》卦：女子（比男子）強壯，不要娶女子。

解析 起首即談婚姻之事。下巽為陰卦，上乾為陽卦，陰陽相遇，有婚媾之象。而巽為長女，故「女壯」。此卦一陰消陽，陰氣始生於下，逐漸以柔變剛，意味久之必女壯而傷男，終難相處，故「不可娶」。

初六：繫于金柅（nǐ）[1]。貞，吉。有攸往，見凶[2]。羸豕孚（fú）[3]，蹢躅（zhí zhú）[4]。

注釋 1 柅：絡絲柎（《廣韻》），即絡絲車腳架，「安絡器下，以防攲側，似足」（《尚氏學》）。2 見：讀為「現」，呈現。3 羸：通「累」（《釋文》引陸德明注），牽纏，拘繫。孚：讀為「浮」，務躁（王弼注），躁動不安，實為獸畜發情之狀。4 蹢躅：以足擊地，徘徊不前。

譯文　（自下而上）第一位，陰爻：繫在絡絲車的金屬腳架上。占問，吉利。有所往，顯露凶兆。發情的豬被縛着，躁動難前。

解析　以縛着的豬為喻，說明求偶時不可冒失躁進，否則不利。

此爻一陰初生，位不當，卻與上有應，故豬雖被拘繫，而躑躅前進，卻是必然，「喻陰雖微，後必長也」（《尚氏學》）。這是發展規律，人力難抗。

九二：包有魚[1]。无咎。不利賓[2]。

注釋　1 包：通「庖」，本又作庖（《釋文》），下同。魚：古喻匹配，象徵婚姻（見聞一多《詩經通義・汝墳》）。2 賓：此讀為「嬪（pín）」（《通義》），嫁女。

譯文　第二位，陽爻：廚房裏有魚。沒有禍患。不利於婚嫁。

解析　魚指初爻，九二陽剛得中，下據初爻，陰陽相孚。但此爻失位，與上無應，且前遇重陽（三、四爻），同性相斥，故不利婚嫁進行。

九三：臀无膚，其行、次且[1]。厲，无大咎。

注釋 1 臀无膚，其行、次且：注見《夬·九四》。《姤》為《夬》之倒卦，本爻與《夬·九四》成反對之象，爻辭互有呼應。

按，膚、行、且、厲協韻，故這樣標點。

譯文 第三位，陽爻：臀部沒塊好肉，他走起路來趔趔趄趄。危險，但沒有大患。

解析 巽為股，三爻居巽末，有「臀」象。此爻失應於上，而乘、承皆陽，同性相斥，故呈「无膚」難行之象。猶幸以陽居陽得位，故雖「厲，无大咎」。

九四：包无魚[1]。起凶[2]。

注釋 1 包：通「庖」。2 起凶：類似「見凶」、「有凶」。

譯文 第四位，陽爻：廚房沒有魚。出現凶兆。

解析 爻意亦與婚姻有關。魚指初爻，喻匹配（見九二），四應於初，但為二、三兩陽爻所阻，故「无魚」。本爻以陽居陰失位而「起凶」。

按，《姤》為《夬》之倒卦，《姤》之初六、九四，與《夬》之上六、九三各成「反對之象」，故《夬》上六、九三云「終有凶」、「有凶」，《姤》初六、九四則曰「見凶」、「起凶」，兩相呼應，義亦近同。

九五：以杞（qǐ）包瓜[1]，含章[2]。有隕（yǔn）自天[3]。

注釋 1 杞：杞柳，落葉灌木，生於水邊，枝條柔軟，可編織籃、筐以載物。2 含章：又見《坤・六三》爻辭。章，花紋，文彩。3 隕：墜落。《左傳・莊公七年》：「星隕如雨。」

譯文 第五位，陽爻：用杞柳籃子載瓜，含有文彩。有東西從天上掉下。

解析 「以杞包瓜」可能亦與婚事之儀禮有關。全句似描述籌辦或舉行婚禮時，有隕星從天而降。本爻未言吉凶，今以其象觀之：五、二爻失應，卻欲強行相應（「以杞包瓜」、「有隕自天」皆以五應二），必定凶多吉少。

上九：姤其角[1]。吝[2]，无咎。

注釋 1 姤：通「遘」，遭逢。角：參《晉・上九》：「晉其角。」2 吝：難。

譯文 最上位，陽爻：碰觸到牠的角。有困厄，但無禍患。

解析 乾為首，陽剛在上，有「角」象。此爻失位，與下無應，居卦之極，前無去路，故「吝」。雖觸碰其角，猶幸並未受傷，故「无咎」。

四十五　萃

☷☱（坤下兌上）

本卦導讀——

因相遇而聚集，故《萃》卦接在《姤》卦之後。

《萃》，卦義為聚。卦體上兌☱下坤☷，兌為悅，坤為順，九五陽剛居中得正處尊位，衆陰喜悅順從來聚；又兌為澤，坤為地，澤上於地，意味水潦積聚：故卦名為《萃》。

又，卦義為病（「萃」讀為「瘁」）。下坤為迷，上兌為毀折，巽（三至五爻）為隕落，故有「瘁」象。各爻辭中的「萃」字均讀為「瘁」（cuì）。

萃：亨[1]，王假有廟[2]。利見大人。亨，利貞。用大牲[3]，吉。利有攸往。

注釋　1亨：通。2假：通「格」，至，到。金文《免簋》：「王各（格）于大廟。」有：于（於）。楚簡、漢帛《易》即作「于」。參《家人．九五》：「王假有家。」3用：此專指殺牲以祭。甲骨文多見，如：「癸卯卜，王侑于且（祖）乙，二牛用。」（《甲骨文合集》301片）大牲：牛；以全牛祭祀，古又稱太牢。

譯文　《萃》卦：順利，君王駕臨宗廟。利於見貴人。順利，利於占問。殺大牲畜祭祀，吉利。利於有所往。

解析　言周王至宗廟祭祀（似為治病消災祈福），一切順暢如意。九五陽剛中正居君位，為王，為大人，上、下卦中爻剛柔相應，暢順諧協，故「亨」通、「利貞」、「利有攸往」。

初六：有孚[1]，不終，乃亂[2]，乃萃[3]，若號[4]，一握為笑[5]。勿恤[6]，往，无咎。

注釋　1孚：誠信。2乃：表承接。亂：指心志迷亂。3萃：通「悴」、「瘁」；憂，病。《象》

傳云：「『乃亂乃萃』，其志亂也。」4 若：而。若、乃、而，一音之轉，常可互通。號：注見《夬》：「孚號」。5 一握：猶「咿喔」、「喔咿」，笑聲；《韓詩外傳》七：「喔咿而笑之。」（見《類纂》、《通義》。）漢帛《易》作「一屋」，義同。6 恤：憂。

譯文 （自下而上）第一位，陰爻：講誠信卻有始無終，以至昏亂病倒，而哭喊呼叫，（忽然又）破涕為笑。不須憂慮，前去，沒有禍患。

解析 爻辭描述一位缺乏誠信者如何變得精神失常，但認為不足為慮而妨礙他往。

六二：引吉[1]，无咎。孚[2]，乃利用禴（yuè）[3]。

注釋 1 引：長（《爾雅·釋詁》）。2 孚：信。3 乃：大（《玉篇》）。《革》：「已日，乃孚。」用：于（於）。禴：古祭名，通「瀹」，謂「瀹煮新菜以祭」，行於夏季，是一種不用大牲的儉約祭禮。《左傳·隱公三年》：「苟有明信，澗溪沼沚之毛，蘋蘩薀藻之菜，筐筥錡釜之器，潢污行潦之水，可薦於鬼神，可羞於王公。……昭忠信也。」《升·九二》：「孚，乃利用禴。」與此同，可參。

按，孚與咎、禴為韻，故點斷。

譯文　第二位，陰爻：長久吉利，沒有禍患。有誠信，大有利於行禴祭。

解析　爻辭意謂，為卻病祈福舉行祭祀，中心誠信較祭品之豐儉更為重要。所謂「禮，與其奢也寧儉」（《論語．八佾》）；「黍稷非馨，明德惟馨」（《左傳．僖公五年》）等等，皆此意。

六三：萃如[1]，嗟如。无攸利。往，无咎；小吝。

注釋　1 萃：通「瘁」；病。如：猶「焉」；語助詞。

譯文　第三位，陰爻：病倒了，悲歎着。無所利。前去，沒有禍患；有小困厄。

解析　六三失位，不中不正，故有「萃如，嗟如」之象而無所利。前遇重陽（四、五爻），陰陽諧協，故「往，无咎」。然此爻失應於上，故終有「小吝」。

九四：大吉，无咎。

譯文　第四位，陽爻：大吉，沒有禍患。

解析　四應於初，又下乘眾陰（初、二、三爻），陰陽諧協，故「大吉，无咎」。

九五：萃有位[1]，无咎[2]，匪孚[3]。元、永貞[4]，悔亡。

注釋　1 萃有位：猶《詩・小雅・北山》：「或盡瘁事國。」萃通「瘁」，病；有，于（於）；位，職位。2 咎：怨責，怪罪。3 匪：通「非」。漢帛《易》作「非」。孚：信。4 元、永貞：注見《比》：「元、永貞，无咎。」

譯文　第五位，陽爻：在職任上憂勞得病，無可怨怪，因未能建立信譽。占問重大、長遠的情況，悔疚消除。

解析　爻意說近期情況不甚理想，但長遠則會轉佳。

上六：齎咨（qí zī）[1]，涕洟（yí）[2]。无咎[3]。

注釋

1 **齎咨**：猶咨嗟，「嗟歎之辭」。2 **涕洟**：眼淚和鼻涕。《釋文》引鄭玄注：「自目曰涕，自鼻曰洟。」此用作動詞。3 **咎**：怨責，怪罪。

按，咨、洟協韻，故點斷。

譯文

最上位，陰爻：悲傷歎息，涕淚交流。沒有怨怪於人。

解析

悲歎流淚，可能是病苦之容。上六柔居卦極，失應於下，孤立無偶；但此爻得位，因而能夠自省，自知咎由自取，所以不怪罪於人。

四十六　升

䷭

（巽下坤上）

本卦導讀——

《升䷭》為《萃䷬》之倒卦，義亦相反：《萃》有病悴不振之意，而《升》則言登高升進之事。《升》，卦義為升高，登上；上進，增益。漢帛《易》卦名作《登》，爻辭「升」亦皆作「登」；漢簡《易》同。卦體上坤☷下巽☴，坤為地，巽為木，地中生木，有從微而著、積小成大、日漸增高之象，故卦名為《升》。全卦記述周王登高祭祀岐山，為南征與國家各項事務祈求福祐。

升：元亨。用（利）見大人[1]，勿恤。南征[2]，吉。

注釋　1 用：或作「利」（《釋文》），漢帛《易》也作「利」，當據改。2 恤：憂。征：出征；或遠行。南征指向南方用兵，西周昭王、穆王、夷王、厲王、宣王時都曾有南征之舉，見《竹書紀年》及《詩・大雅》之《江漢》、《常武》等，西周銅器也有好些記述南征「伐楚」的銘文。在《易經》裏，《明夷》與此卦皆明確言及「南征」，所記都是西周中、後期的史事。可見《易經》非著成於周初。

譯文　《升》卦：非常順利。利於見貴人，不必憂慮。南征，吉利。

解析　下卦巽為遜，上卦坤為順，謙遜而柔順，而上下卦中爻又剛柔相應，故一切順暢。巽為東南之卦，坤為西南之卦，三至五爻互震，震為行，所以「南征」會吉利。

初六：允升[1]。大吉。

注釋　1 允：讀為「𠧟」，進也（《說文》引《易》）。《晉・六三》：「衆允。悔亡。」升：登，上。

譯文　（自下而上）第一位，陰爻：升進。大吉。

解析　此指開始登山。

九二：孚，乃利用禴[1]。无咎。

注釋　1 孚，乃利用禴：注見《萃・六二》。《升》与《萃》為倒卦，此同位爻辭亦互有關連。

按，孚與禴、咎合韻，故點斷。

譯文　第二位，陽爻：有誠信，大有利於行禴祭。沒有禍患。

解析　此爻陽剛得中，與上卦中爻剛柔相應，有「孚」象。

九三：升虛邑[1]。

注釋　1 升：登上。虛邑：建在山上的城邑。虛，大丘（《說文》）。《詩・鄘風・定之方中》：「升彼虛矣。」

譯文 第三位，陽爻：登上山上的城邑。

解析 祠廟建於邑中，故先登山進入城邑。

此三爻得位，與上六剛柔相應，陰陽諧協，暢達無礙，當為吉兆。

六四：王用亨于岐山[1]。吉，无咎。

注釋 1 用：動態助詞，表動作之實施、進行。亨：通「享」；享祀，獻祭。岐山：在今陝西省境，為周民族重要發祥地，故周人向有岐山之祭。參《隨・上六》：「王用亨于西山。」

譯文 第四位，陰爻：君王祭祀岐山。吉利，沒有禍患。

解析 此爻明確點出登高的具體地點和致祭對象，彰顯《升》卦的主題。

六五：貞，吉。升階[1]。

注釋　1升：登上。階：臺階，又特指殿階（見《說文》）；喻指官爵的等級。

譯文　第五位，陰爻：占問，吉利。登上臺階。

解析　進入祠廟，沿着臺階登進；又可喻加官進爵。五居中位、尊位，又與下卦中爻九二剛柔相應，故有「升階」得志之象。

上六：冥升[1]**。利于不息之貞**[2]**。**

注釋　1冥：暗，夜。《豫・上六》：「冥豫。」2息：休。《乾・象》：「君子以自強不息。」《正義》：「君子之人，……自強勉力，不有止息。」

譯文　最上位，陰爻：黑夜登高。利於占問辛勤工作之事。

解析　晚上仍登山祀禱，表示異常虔敬而努力，當然有利於南征及國家其他各項工作的順利進行。本爻居《升》卦之極，有「冥」象；得位，下應九三，故「利于不息之貞」。

四十七 困

䷮

（坎下兌上）

本卦導讀——

升而不已，易陷於困。故《困》卦接在《升》卦後。《困》，卦義為窮厄委頓，落入困境。卦體上兌☱下坎☵。兌為陰卦，坎為陽卦，兌在坎上，意味陽剛為陰柔所掩，倨處困境；又坎為水，兌為澤，水在澤下，澤中無水，則萬物枯槁，落入困境：故卦名為《困》。

全卦六爻皆言被困及如何解困、脫困之事。

困：亨。貞大人[1]**，吉，无咎。有言、不信**[2]**。**

注釋　1大人：有身份、地位的人。2有言、不信：有不信之言。信，誠實可靠。參《夬·九四》：「聞言、不信」。

按，亨、人、吉、言、信協韻，故這樣標點。

譯文　《困》卦：順利。占問貴人之事，吉利，沒有禍患。有些話聽來不可靠。

解析　下卦九二、上卦九五爻均陽剛得中，卻同為六三、上六陰柔所掩；但下坎為險，上兑為悦，險中能悦，雖困而不失其常態，有君子之風，故「亨」通。全卦雙剛得中，猶大人能踐行正中之道，故「貞大人，吉，无咎」。上兑為口，下坎為水，故又有誇誇其談，口沫橫飛，「有言不信」之象。

初六：臀困于株木[1]**，入于幽谷**[2]**，三歲不覿（dí）**[3]**。〔凶。〕**[4]

注釋　1臀：屁股。困于株木：為株木所困。株木，指代刑杖。此為被動句式。2幽谷：喻暗無天日的監獄。3覿：見。4凶：此字通行本無，據漢帛《易》補。按，木、谷、

譯文 覿、凶為韻，而爻象亦合，故以有「凶」字為是。

（自下而上）第一位，陰爻：屁股受刑杖，被關進監牢，數年不見天日。凶險。

解析 初爻在下，有「臀」象。此陰爻失位，偏處坎底，坎為陷坑，故有久困牢獄之「凶」象。

九二：困于酒食[1]，朱紱（fú）方來[2]。利用享祀[3]。征[4]，凶。无咎。

注釋 1 困于酒食：為酒食所困，如過飽及醉酒等。2 朱紱：深紅色的祭服。紱，蔽膝，為祭服服飾，縫於長衣之前；此「朱紱」指代整套服裝。周朝天子、公卿皆朱紱，各國諸侯、大夫皆赤紱。色深為朱，色淺為赤。方：剛剛。3 用：于（於）。4 征：遠行，或出征。

譯文 第二位，陽爻：因吃喝過度而不適，穿大紅祭服的人剛好來到。利於舉行祭祀。征行，凶險。沒有禍患。

解析 九二失位，處坎險中，又與上無應，故有「困」象，不利征行。但此爻居下卦中位，乘、承皆陰（初、三爻），陰陽諧協，故若止而不往，則可「无咎」。

六三：困于石，據于蒺藜[1]。入于其宮[2]，不見其妻。凶。

注釋　1 據：按。蒺藜：植物名，「有刺而不可踐」。2 宮：室，古代房屋的通稱。

譯文　第三位，陰爻：被石頭困絆，手撐在蒺藜上。走進他的居所，不見他的妻子。凶險。

解析　此爻陰柔而不中正，與上失應，處坎、巽（三至五爻）之體，坎為陷，又為蒺藜，巽為伏，故呈種種凶象。

九四：來徐徐[1]，困于金車[2]。吝[3]，有終[4]。

注釋　1 徐徐：安行貌。2 金車：以黃銅鑲飾的華麗馬車。3 吝：難。4 終：指好結果。《謙．九三》：「君子有終，吉。」

譯文　第四位，陽爻：慢慢前來，被金黃色車子阻困。有困厄，但結果圓滿。

解析　九四陽爻失位，幸得已離坎中，故雖「吝」，終有好結果。

九五：劓刖（yì yuè）[1]，困于赤紱[2]，乃徐有說[3]。利用祭祀。

注釋 1 劓刖：又作「臲卼」（古音同字通），不安貌。非割鼻截足之刑。2 赤紱：注見二爻。3 乃：表轉折。說：讀為「脱」。《遯・六二》：「莫之勝，說。」

譯文 第五位，陽爻：危險不安，被穿紅色祭服之人困擾，但不久會得到解脱。利於舉行祭祀。

解析 九五陽剛居中得正處尊位，秉中正剛直之德，故只是暫有困擾，很快便能解脱。

上六：困于葛藟（léi）、于臲卼（niè wù）[1]，曰動悔、有悔[2]。征[3]，吉。

注釋 1 葛藟：藤蔓的一種。于：第二個「于」為連詞，猶「與」。殷商、西周文字多見，如《詩・大雅・公劉》：「乃裹餱糧，于橐于（與）囊。」臲卼：讀為「臬兀」，短木樁（《今注》）。2 曰：語首助詞，無義。有：又。楚簡《易》作「又」。3 征：遠行；出征。

按，藟、卼，悔、悔協韻，故這樣標點。

譯文 最上位，陽爻：被藤蔓和木樁困絆，一動即生重重悔恨。征行，吉利。

解析 上六以柔居《困》卦之極，下失其應，故「動」即有「悔」（即動輒得咎）。但若能衝破困境「征」行，便可得「吉」。暗含「困極則通」之意。

四十八　井

䷯

（巽下坎上）

本卦導讀——

《井䷯》為《困䷮》的倒卦，義亦相反：《困》為窮厄困頓，《井》喻脱出困境。

《井》卦，義為水井，穿地而入，取水而出，故引申指通達。全卦內容緊扣與人們日常生活關係密切的水井，再加引喻發揮，表達作者的政治理念。

卦體上坎☵下巽☴。坎為水，巽為木，為入，木入於水，汲水而出，正似以木桶從井中取水之象，故卦名為《井》。（于省吾《釋林》謂，甲骨文「用」字即「桶」之初文，可知商周時已有木桶。）

井：改邑[1]，不改井，无喪，无得。往來井，井汔（qì）[2]，至、亦未繘（jú）[3]。井，羸其瓶[4]。凶。

注釋

1 邑：人聚居之處；可指城鎮或鄉村。2 汔：水涸。3 繘：汲水索；此用作動詞，謂用繩引瓶汲井水。漢帛《易》作「至亦未汲」，意更顯豁。4 羸：讀為「轠（léi）」，擊碎。《漢書·游俠傳·陳遵》引揚雄《酒箴》：「一旦叀礙，為瓽所轠。」顏注：「言瓶忽縣（懸）礙不得下，而為井瓽所擊則破碎也。」叀（zhuān），懸挂。瓽（dàng），井壁。

按，邑、井、喪、得、井、汔、至、繘、井、瓶、凶皆入韻字，故應這樣標點。諸本斷句、釋義多有誤。（甚至連《象》傳對本卦辭的斷句亦有誤。）

譯文

《井》卦：改建村邑，不改動水井，沒有損失，也沒有得益。〔人們〕在井上來來往往，井水乾涸了，來到井邊也未能汲水。井壁還把水瓶碰破了。凶險。

解析

卦辭指出平日未能注意保養、維修水井之害，喻示國家行政不可因循苟且，必須防腐去貪，修德養民，不斷與時俱進。

初六：井泥，不食。舊井，无禽[1]。

注釋 1 禽：鳥獸之總名。

譯文 （自下而上）第一位，陰爻：井裏滿是泥濘，（井水）不堪食用。破舊的水井沒有鳥獸（來飲用）。

解析 初爻在下，如井底。水井年久失修，故淤泥充斥而井水不潔，無法飲用，甚至連禽獸也不來光顧。爻意繼續發揮卦辭的大義。以下各爻同。

九二：井谷、射鮒（fù）[1]，甕（wèng），敝漏[2]。

注釋 1 井谷：「井而似谷」，故稱（《正義》）。鮒：小魚；一說，蝦蟆。古人用箭射魚。

2 甕：盛水陶罐。

按，谷、鮒、甕、漏通韻，故這樣標點。

譯文 第二位，陽爻：往水井深處射小魚，陶罐被射破漏水。

解析 用箭射井底的小魚，肯定難以射中，結果反而射破陶罐，令它無法盛水；正是有損無益，弄巧反拙。爻意亦與施政理念有關。

九三：井渫（xiè）[1]，不食，為我、心惻[2]。可用汲[3]。王明，並受其福。

注釋 1 渫：去穢濁，使清潔之意。2 為：使（王弼注）。惻：傷悼，悲痛。3 可用：可以。

按，渫、我、明協韻，又食、惻、汲、福合韻，故這樣標點。

譯文 第三位，陽爻：井水已除去污垢，卻不食用，令我心中悲痛。可以汲水（飲用）。若君王英明，大家都蒙受他的福蔭。

解析 此以汲飲清潔的井水比喻任用賢良，若君主英明能用賢，則天下皆受其福。司馬遷曾慨歎：「（楚）懷王以不知忠臣之分，故內惑於鄭袖，外欺於張儀，疏屈平而信上官大夫、令尹子蘭。兵挫地削，亡其六郡，身客死於秦，為天下笑。此不知人之禍也。《易》曰：『井渫，不食，為我、心惻。可用汲。王明，並受其福。』王之不明，豈足福哉！」（《史記·屈原賈生列傳》）

六四：井甃（zhòu）[1]。无咎。

注釋　1 甃：用磚石壘砌井壁，修補損壞的地方。

譯文　第四位，陰爻：用磚石修砌井壁。沒有禍患。

解析　及時加固井壁，是保養水井、保護水源的重要措施。

九五：井冽[1]，寒泉食。

注釋　1 冽：水清。

譯文　第五位，陽爻：井水清澈，清涼的泉水可以飲用。

解析　井壁經修固，井水更潔淨。九五陽剛居中得正處尊位，為坎之主爻，坎為水，故「井冽」。

上六：井收[1]，勿幕[2]。有孚[3]，元吉[4]。

注釋 1收：成（《尚氏學》）。2幕：蓋，覆。3孚：信。此引申指信譽、聲望。4元：最大。

按，收、孚協韻，故點斷。

譯文 最上位，陰爻：水井已修固完畢，不要蓋起來。有聲譽，極其吉利。

解析 上爻居《井》卦之極，有井蓋之象。修井工程已告竣，於是開放使用，利濟蒼生，故為人所稱頌。

按：本卦各爻辭由井底說至井口，由破敝說至修復，層次井然。比喻國家施政務須除舊佈新，造福為民，才會獲得國人擁戴而進抵至治之境。

四十九 革

☱☲（離下兌上）

本卦導讀——

水井一旦已淤積閉塞，便須徹底清理。猶如一個政權，如因享國日久而敝政叢生，到危機深重時，便須實行大刀闊斧的改革，否則，便會爆發革命一樣。故《井》卦後接以《革》卦。《革》，卦義為更改，變化，有「去故」除舊之意；又特指改制革命。卦體上兌☱下離☲。兌為澤，離為火，澤中有火，水火不相容，必生劇變；又兌為毀折，離為戰伐（參《離》九四與上九爻），有武力革命之象：故卦名為《革》。

全卦內容皆圍繞改制革命之必要、可能，以及採取的方式與產生之後果而論。層層推進，深入透闢。

革：已日[1]，乃孚[2]。元亨，利貞，悔亡。

注釋　1已：黜退，棄去（《玉篇》），即除舊、變革之義。楚簡《易》作「改」，義更顯豁。或說，已應作「巳」，讀為「祀」，祭祀（《今證》、《通義》、《今注》）；或說已應作「己」，己日，指天干紀日之第六日（顧炎武《日知錄》、《尚氏學》）。皆非。2乃：大（《玉篇》）。孚：此引申指信譽、威望。

譯文　《革》卦：到變革那天，大顯其威信。非常順利，利於占問，悔咎消除。

解析　上卦九五陽剛居中得正，下卦六二陰柔居中得正，上下卦中爻位當而應，故有「乃孚」之象。下卦離為戰伐，又為明，上卦兌為毀折，又為悅，革命成功令人喜悅，故「元亨，利貞，悔亡」。

初九：鞏[1]，用黃牛之革[2]。

注釋　1鞏：《說文》：「以韋束也。」韋，熟皮革、皮繩。2革：加工去毛的獸皮；此指皮繩。《遯·六二》：「執之，用黃牛之革。」

譯文　（自下而上）第一位，陽爻：用黃牛皮繩捆束加固。

解析　喻指舊政權束縛自由的專橫統治。

六二：已日，乃革之[1]。征，吉；无咎。

注釋　1 革：更變。

按，日字入韻，故點斷。

譯文　第二位，陰爻：到革命之日，大大改變之。出征，吉利；沒有禍患。

解析　六二居中得正，上應於五，意味可以稱兵征伐，去舊圖新，大加變革。本卦《彖》傳所謂「湯武革命，順乎天而應乎人」者，當指二、三、四爻而言。

九三：征，凶。貞，厲[1]。革言三就[2]，有孚[3]。

注釋　1 貞，厲：楚簡《易》無。2 言：語助詞；這裏起連接作用。《詩．鄭風．女曰雞鳴》：

「弋言加之。」三：虛數，表示多。就：趨往。《乾．文言》：「水流濕，火就燥。」此指前往征伐。《象》傳云：「『革言三就』，又何之矣？」何之，即何往，正指「三就」而言。3 孚：信，此指信譽、威望。

譯文 第三位，陽爻：出征，凶險。占問，有危險。革命經數度征戰，〔始獲成功而〕建立威信。

解析 爻辭說，革命不可能一蹴而就，須前仆後繼，經多次努力，始可望成功。武王伐紂滅商興周，便是如此。

九四：悔亡，有孚[1]。改命[2]，吉。

注釋 1 孚：指信譽、威望。2 改命：改變天命，即革命。

譯文 第四位，陽爻：悔咎消除，建立威信。改制革命，吉利。

九五：大人虎變[1]。未占[2]，有孚[3]。

注釋　1大人：指當朝的新貴。虎：山獸之君（《說文》），故以喻「大人」。2未占：未須占問；猶《益・六五》：「勿問。」3孚：信譽、威望。

譯文　第五位，陽爻：貴人變得如老虎般兇猛淩厲。不須占問，必有威望。

解析　爻辭說，改制革命後，新的當權者八面威風，變得淩厲可怖，自然聲威遠播。九五陽剛得位，居中履尊，且處乾體（三至五爻），有「大人」之象。

上六：君子豹變[1]**。小人革面**[2]**。征，凶。居貞，吉。**

注釋　1君子：指公卿大夫，或軍中將領。2小人：指平民百姓，或普通士兵。革面：更改面容。《正義》：「小人處之，但能變其顏面容色順上而已。」

譯文　最上位，陰爻：君子變得如豹子般矯捷威猛。小民百姓也改變面容。出征，凶險。占問居處之事，吉利。

解析　爻辭說，革命勝利後，成為新貴的君子們志得意滿，變得嚴峻可畏。而小人則低眉順眼（變得似乎馴順服從）。上下開始離心，故不宜出兵征討，只可安處不動。上六得位，居《革》卦之極，前無去路，故「征凶」而「居吉」。

五十 鼎

䷱（巽下離上）

本卦導讀——

《鼎䷱》為《革䷰》之倒卦，取烹飪成新，即變化出新之義，故《序卦》說：「革物者莫若鼎，故受之以《鼎》。」《雜卦》云：「《革》去故而《鼎》取新。」

鼎為古代炊具，此卦卦形似之：「下植為足，中實為腹，受物在中之象，對峙於上者耳也，橫亘乎上者鉉也，鼎之象也」（《程傳》）；又卦體下巽☴上離☲，巽為木，離為火，木上有火，為烹飪之象：故卦名為《鼎》。

鼎：元吉[1]，亨[2]。

注釋　1 元：最大。2 亨：通。

譯文　《鼎》卦：極其吉利，順利。

解析　下巽為遜，上離為明，有謙遜聰明之德；又上卦六五柔得中位、尊位，與下卦中爻九二剛柔相應：故上吉而「亨」通。

初六：鼎顛趾[1]，利出否（pǐ）[2]。得妾以其子[3]。无咎。

注釋　1 顛：倒。趾：足部，腳。參《噬嗑·初九》。2 出：斥逐，除去。否：惡（《釋文》），壞劣；此作名詞，指鼎中垢滓。因鼎在古代又是國家權力象徵，故「否」亦可喻指奸佞和敝政等壞劣事物。3 以：與；連詞。

譯文　（自下而上）第一位，陰爻：鼎腳朝天顛倒過來，利於倒出廢物。得到侍妾連同她的兒子。沒有禍患。

解析　初爻在下，稱「趾」，故爻辭由鼎腳說起。

九二：鼎有實[1]。我仇有疾[2]，不我能即[3]。吉。

注釋 1 實：鼎中之物，指食物。2 仇：匹（《爾雅》），配偶。3 不我能即：不能即我。即，就，靠近。

譯文 第二位，陽爻：鼎中有食物。我的伴侶有病，不能來我這裏。吉利。

解析 九二陽剛居中得正，處乾體（二至四爻），為《鼎》中之「實」。上應六五，五為其「仇」匹。

九三：鼎耳革[1]，其行塞[2]。雉膏不食[3]；方雨[4]，虧[5]，悔[6]。終吉。

注釋 1 革：更變，除去；此指損毀。2 行塞：指移動困難。塞，阻礙。平時鼎須用槓（稱為鉉）穿過鼎耳去搬動，現在鼎耳脫落，自然難以挪移。3 膏：肥肉。《屯・九五》：「屯其膏。」4 方：正當。5 虧：氣損（《說文》），引申為損毀。6 悔：悔恨，煩惱。

按，革、塞、食、悔通韻，雨、虧合韻，故這樣標點。

譯文 第三位，陽爻：鼎耳脫落，難以搬動。肥美的野雞肉吃不到；剛好下雨，美食受

解析　損，令人懊惱。但終於吉利。

解析　三爻居下卦上端，有「耳」象；三體兑（三至五爻），兑為毀折，故「鼎耳革」。但九三陽剛得位，故「終吉」。

若占得此爻，意味「不如意事常八九」，阻滯甚多，但最終否極泰來，會有好結果。

九四：鼎折足，覆公餗（sù）[1]，其形渥（wò）[2]。凶。

注釋　1 餗：鼎中美食；此指「雉膏」之類。2 渥：沾濡貌。「形渥」古本多作「刑剭」，意謂將受極刑。剭（wū），誅大臣於屋下，以別於平民在市上當衆受戮。漢帛《易》作「刑屋」。《周禮・司火亘氏》有「屋誅」之刑，「謂夷三族」，是極重之刑罰。疑後來儒家傳經者改為「形渥」，以減少血腥氣，但仍為凶兆。

譯文　第四位，陽爻：鼎腳折斷，倒翻了王公的佳肴，將受重刑。凶險。

解析　爻居上卦之始，有「足」象。足折則鼎傾，鼎傾則餗覆，比喻大臣位高任重，但德薄才弱，承擔不起，以致敗壞國事，而招重刑。

若占得此爻，不但壞大事，而且惹官非，性命可虞。其兆甚凶。

六五：鼎，黃耳、金鉉（xuàn）[1]。利貞。

注釋　1 鉉：貫穿雙耳以扛鼎的橫槓。此以銅飾，故稱「金鉉」。古代稱銅為赤金。

按，鼎、鉉、貞合韻，故這樣標點。

譯文　第五位，陰爻：鼎有金黃色的銅耳和橫槓。利於占問。

解析　六五處尊位、君位，在《鼎》卦上部，有鼎耳、鼎鉉之象。本爻與下卦中爻剛柔相應，故「利貞」。

上九：鼎，玉鉉[1]。大吉，无不利。

注釋　1 鉉：扛鼎的橫槓。此飾以玉，故稱「玉鉉」。

按，鼎、鉉、吉、利協韻，故這樣標點。

譯文　最上位，陽爻：鼎有鑲玉的橫槓。大吉，無所不利。

解析　此陽爻居《鼎》卦之極，有「鉉」象。下比六五，陰陽相得，就像以溫潤堅剛之「玉鉉」橫貫「黃耳」，喻明君（五爻）有賢臣（上爻）為輔，兩相配合，故「大吉，无不利」。

按，初爻說鼎足，二、三、四爻說鼎實（鼎中食物），五、上爻說鼎耳、鼎鉉，也是自下而上，逐步推進，層次井然。

五十一　震

䷲（震下震上）

本卦導讀——

鼎革之後，須要雷厲風行一番，施以雷霆之威，務求先聲奪人，有個好開始。故《震》卦接在《鼎》卦後。

《震》，由八經卦之震☳重疊構成，震為雷，此取雷霆震動，使人驚懼之義。卦體上震下震，如沉雷繼作，威勢熾盛，故卦名《震》。全部卦爻辭均出現「震」字，或作名詞（雷霆），或作動詞（打雷）。

震：亨[1]。震來[2]，虩（xì）虩[3]，笑言、啞啞[4]。震驚、百里，不喪、匕鬯（chàng）[5]。

注釋

1 亨：通。2 震：霹靂（《說文》）。3 虩虩：恐懼貌。4 啞啞：笑語之聲。5 匕、鬯：皆古人用以祭祀之物。匕，長柄、匙狀的取食器具。鬯，酒名，用黑黍和鬱金香草釀成。

按，亨、虩、言、啞、驚、喪、鬯協韻，又來、里為韻，故這樣標點。

譯文

《震》卦：順利。雷霆襲來時，瑟瑟發抖，不久談笑自若。雷聲震驚百里，手中那勺香酒也沒有掉下。

解析

「萬物出乎震。」（《說卦》）震為東方之卦，代表春天季節，春雷一響，萬物滋生，故「亨」通。《論語．鄉黨》云，孔子遇「迅雷風烈，必變（色）」。因為他認為那是天象示警，故採取戒懼肅慎的態度。可見打雷時表現驚怕，隨後回復鎮定，完全合符君子作風。

初九：震來，虩虩，後笑言、啞啞。吉。

注釋 來、吉合韻；又虩、言、啞合韻：故這樣標點。

譯文 （自下而上）第一位，陽爻：雷霆襲來時，瑟瑟發抖，後來談笑自若。吉利。

解析 初九處《震》下，為震之主爻，惜與上無應，但以陽居陽得位，故呈先懼後笑之「吉」象。

六二：震來，厲[1]。億[2]！喪貝[3]。躋（jī）于九陵[4]。勿逐，七日得。

注釋 [1] 厲：危。[2] 億：本或作「噫」（《釋文》），歎惜之辭。[3] 貝：古代貨幣；此泛指財物。[4] 躋：登。九陵：九重山嶺，形容高峻。陵，大山。《同人．九三》：「升其高陵。」

按，來、億、陵、得協韻，逐、得合韻，又厲、貝協韻：故這樣標點。

譯文 第二位，陰爻：雷霆襲來，危險。唉！丟失了錢財。（那賊人已）登上高山。不必追尋，七天後會失而復得。

解析 六二前遇坎（三至五爻），坎為盜，所以有「喪貝」之象。此陰爻得位，柔順中正，故財物可失而復得。

六三：震蘇蘇[1]，震行，无眚[2]。

注釋　1 蘇蘇：畏懼不安之貌。2 眚：災。

譯文　第三位，陰爻：雷聲嚇得人渾身顫抖，但雷霆過處沒有釀成災禍。

解析　震為雷。本爻失位，不中不正，又與上無應，故「蘇蘇」不安。但承九四之陽，陰陽諧協，故「无眚」。

九四：震遂泥[1]。

注釋　1 遂：本或作「隊」（《釋文》），「墜」的古字。

譯文　第四位，陽爻：雷霆擊落地上。

解析　此爻描寫雷殛的現象。空中雷電與地面接觸，會產生極大的能量，殺傷人畜，焚毀房舍，為害不淺。此爻以陽居陰，位不當，與下無應，故有此不吉之象。

六五：震往來，厲[1]。意[2]！无喪[3]。有事[4]。

注釋　1 厲：危。2 意：本又作「億」（《集解》），通「噫」；歎詞。3 喪：疑指「喪貝」（參六二）。4 有事：謂祭祀之事。《左傳·成公十三年》：「國之大事，在祀與戎。」故下一爻即講征行之事。

按，來、意、事協韻，厲、喪合韻，故這樣標點。

譯文　第五位，陰爻：雷霆往來轟響，危險。噢！幸而沒損失。須行祭祀。

解析　六五失位，與下無應，猶幸居中處尊，故能化險為夷，沒有損失。說明在困難複雜的環境中，堅守「中道」的重要。

上六：震索索[1]，視矍（jué）矍[2]。征[3]，凶。震，不于其躬、于其鄰[4]，无咎。婚媾有言[5]。

注釋　1 索索：猶哆嗦，驚慌戰慄的樣子。2 矍矍：形容左右驚顧之狀。3 征：出征，或遠行。4 躬：身，自己。于：第二個「于」為連詞，猶「與」。《困·上六》：「困于葛藟、于鯢甈。」5 婚媾：注見《屯·六二》；此作名詞，指姻親、戚屬。言：指怨尤、不滿的話。注見《需·九二》。

按，索、矍協韻，征、震、鄰、言合韻，又躬、咎通韻，故這樣標點。

譯文　最上位，陰爻：雷聲嚇得人兩腿哆嗦，驚惶四顧。征行，凶險。雷霆沒有擊中他自己和他鄰居，沒有禍患。親戚有怨言。

解析　上六柔居《震》卦之極，質弱難勝，故「索索」不安。前無去路，下失其應，故「征，凶」。然此陰爻得位，其「鄰」人六五亦居中處尊，故皆可「无咎」。

五十二 艮

䷳

（艮下艮上）

本卦導讀——

《艮䷳》為《震䷲》之倒卦，故一靜一動，對比鮮明。

《艮》，卦義為止，有靜止、停止、限止諸義。取象於上山下山，兩山重疊（艮☶為山，見《說卦》）。《正義》云：「直置一山已能鎮止，今兩山重疊，止義彌大。」故卦名為《艮》。

艮：〔艮、〕其背[1]，不獲其身[2]；行其庭，不見其人。无咎。

注釋 1據楚簡，此卦原有卦名，現卦辭首字可能因與卦名相同而省去，今補上。艮：讀為「限」（說文：「限，艮聲」），限止，此有好意約束，即守護、關顧之意。漢帛《易》作「根」，為近音借字。2獲：得。身：腹（《集解》引虞翻注）；此泛指與「背」相反的身軀前面部分。《詩．小雅．何人斯》：「彼何人斯，胡逝我陳？我聞其聲，不見其身。」與此意近。

按，艮字入韻，故點斷。

譯文 《艮》卦：〔關注〕他的後背，沒看到他前身；走在他的庭院裏，卻不見他本人。沒有禍患。

解析 大有恍兮惚兮，茫無所遇之感。全卦六爻，初與四、二與五、三與上，均剛柔失應，似漠不相關，所謂「上下敵應，不相與也」（《彖》傳），故呈此象。但只要該止則止，該行則行，動靜不失其時，仍可保「无咎」。

初六：艮、其趾[1]。无咎，利永貞[2]。

注釋 [1]艮：限止，關顧。趾：足部，腳。參《噬嗑・初九》。[2]永：長。

譯文 （自下而上）第一位，陰爻：關顧他的腳。沒有禍患，利於占問長遠前景。

解析 初爻在下，有「趾」象。既關顧之，宜善加保養，止之勿動。此爻失位，與上無應，而居艮止之體，故實不宜輕舉妄動。

六二：艮、其腓（féi）[1]，不拯其隨[2]。其心不快[3]。

注釋 [1]艮：限止，關顧。腓：小腿肚；此泛指小腿。[2]拯：舉，升，引拔。隨：此指足部。《正義》：「腓動則足隨之，故謂足為『隨』。」《咸・九三》：「咸其股，執其隨。」可參。[3]快：喜也（《說文》）。

譯文 第二位，陰爻：關顧他的小腿，便不能提起他的腳。他心裏不痛快。

解析 初爻為「趾」，二爻處其上，因有「腓」象。既關顧小腿，自宜善加保養，於是止之而勿動，因此連帶其腳亦不能動，遂引致心中不快，確是無可奈何的事。六二居中得正，有柔順中正之德，但與上無應，故以謹守本位為宜。

九三：艮、其限[1]，列其夤（yín）[2]。厲，薰心[3]。

注釋　1艮：限止，關顧。限：身之中部（王弼注），指腰。2列：《集解》作「裂」，字通。夤：夾脊肉。3薰：通「熏」，燒灼。《詩．大雅．雲漢》：「憂心如熏。」

譯文　第三位，陽爻：關顧他的腰部，卻撕裂了他的背肌。危險，內心焦灼痛苦。

解析　此爻有顧此失彼之意。初爻為「趾」，二爻為「腓」，三爻處全卦之中，故為「腰」。此爻陽剛得位，但居坎（二至四爻）、震（三至五爻）之體，震為動，坎為險陷，故有危厲不安之象。

六四：艮、其身[1]。无咎[2]。

注釋　1艮：限止，關顧。身：腹（見卦辭）；此特指頭以下腰以上軀幹部分。2无咎：按，楚簡、漢帛《易》無此二字。

譯文　第四位，陰爻：關顧他的身軀。沒有禍患。

解析　三爻為「腰」，四爻處其上，故為「身」。愛護身軀，便不可亂動，以免勞損。此爻得位，故「无咎」。

六五：艮、其輔[1]，言有序。悔亡。

注釋 1艮：限止，關顧。輔：面頰骨；此指面頰。《咸．上六》：「咸其輔、頰、舌。」

譯文 第五位，陰爻：關愛他的面頰，說話有條不紊。悔疚消除。

解析 三爻為「腰」，四爻為「身」，五爻在其上，故為「輔」。關愛面頰，則不輕易發言，而「言」必「有序」。此爻柔得中處尊位，故「悔亡」。

上九：敦艮[1]。吉。

注釋 1敦：厚。《臨．上六》：「敦臨。」可參。一說，敦讀為「耑（duān）」，顛也，指頭頂（《通義》），則句意為約制頭部活動，即關愛頭部；此為賓語前置句式。艮：限止，關顧。

譯文 最上位，陽爻：厚加關顧。吉利。

解析 此爻對本卦以上諸爻加以總結。上九以陽剛居《艮》卦之極，有深切關懷之意（同時亦有「頭」象）。雖失位，無應，但下履重陰（五、四爻），陰陽諧協，故「吉」。

按，本卦各爻依「趾」、「腓」、「腰」、「身」、「頰」（、「頭」），由下而上順次取象，層次井然。

五十三　漸

䷴

（艮下巽上）

本卦導讀——

靜極復思動，故《艮》卦後接以《漸》卦。

《漸》，卦義為進；指循序漸進，逐步發展。卦體下艮☶上巽☴。艮為止，巽為遜，文靜謙和，不用暴力，徐徐前進，自然物無違拒；又艮為山，巽為木，山上有木，緩緩增高；故卦名為《漸》。

《漸》卦與《乾》卦有相類之處：它們都形象地說明，世間事物往往經歷由少而長，由低而高，由弱而強，由萌芽、發展、壯大再步向衰亡的階段，天地萬物都是如此。

漸：女歸[1]**，吉。利貞。**

注釋　1 歸：女嫁（《說文》）。

譯文　《漸》卦：女子出嫁，吉利。利於占問。

解析　上巽為女，為入；下艮為男，又為門闕：故有女入男門，即「女歸」之象。上卦九五陽剛居中得正履尊位，下卦六二陰柔居中得正位，上下卦中爻剛柔相應，故「吉」而「利貞」。

初六：鴻漸、于干[1]**。小子厲**[2]**，有言**[3]**。无咎**[4]**。**

注釋　1 鴻：大雁。漸：通「蹔」，進，登也（《今注》）。干：水邊涯岸。楚簡《易》作「澗」，漢帛《易》作「淵」。2 小子：小孩。3 言：指怨懟之言。注見《需・九二》。4 无咎：楚簡《易》作「不冬（終）」。

譯文　（自下而上）第一位，陰爻：鴻雁登上河岸。小孩子遇險，有怨言。沒有禍患。

解析　初爻在下，處坎（二至四爻）水之旁，有「干」象。爻辭從河岸說起，其後逐漸升高。

六二：鴻漸、于磐（pán）[1]。飲食衎（kàn）衎[2]。吉。

注釋 1 磐：大石；指水邊礁石或岸邊的土墩。楚簡、漢帛《易》作「坂（阪）」，謂土坡。2 衎衎：猶「衎爾」，和樂自得的樣子。《禮記．檀弓上》：「飲食衎爾。」

譯文 第二位，陰爻：鴻雁登上礁石。快活優悠地吃喝。吉利。

解析 「磐」高於「干」。艮為石，二體艮，在初爻上，故有「磐」象。本爻柔得位得中，與上卦中爻九五剛柔相應，故和樂而「吉」。

九三：鴻漸、于陸[1]。夫征不復[2]。婦孕不育[3]。凶。利禦寇。

注釋 1 陸：高平之地（《說文》）。2 征：出征或遠行。復：返回。3 不育：指流產。育，產子；甲骨文字象婦女產子之形。

譯文 第三位，陽爻：鴻雁登上高地。丈夫遠行一去不回。婦人懷孕不幸流產。凶險。利於抵禦寇盜。

解析 二爻為「磐」，故三爻為「陸」。三體坎（二至四爻），坎為盜（見《說卦》）；而九三陽剛得位，處下艮之終，艮為石為堅，堅剛無比；故「利禦寇」。

六四：鴻漸、于木。或得其桷（jué）[1]。无咎。

注釋 1 或：有（人、時）。桷：房頂承瓦的木條，圓者稱椽，方者稱桷。按，此句漢帛《易》作「或直其寇，毄」，疑是。直，通「值」，遭逢；毄，讀為「㲜（chóu）」或「毃（chóu）」，有討伐、打擊之意。則句意為：「有時遇上寇盜，予以打擊。」如此，則與九三之「利禦寇」義相銜接；且木、寇（均屋部），毄、咎（均幽部）分別協韻，聲韻更諧。

譯文 第四位，陰爻：鴻雁飛上樹木。有人得到作房椽的木料。沒有禍患。

解析 「木」長於「陸」上，必高於「陸」。今三爻為「陸」，故四爻為「木」。此爻得位，為離（三至五）之主爻，離為甲冑戈兵；坎（二至四爻）為盜：因有擊寇之象。

九五：鴻漸、于陵[1]。婦，三歲不孕[2]，終莫之勝[3]。吉。

注釋　[1]陵：大土山。[2]三歲：三年；虛數。[3]莫之勝：即「莫勝之」。莫，沒有人。勝，超越，壓倒。

按，陵、婦、孕、勝通韻，故這樣標點。

譯文　第五位，陽爻：鴻雁飛上山嶺。婦人數年未能懷孕，但始終無人可淩跨她的地位。吉利。

解析　「陵」又高於「木」，故以五爻當之。九五陽剛中正居尊位、君位，與下卦中爻六二剛柔相應，地位無可取代，故呈「吉」兆。

上九：鴻漸、于阿（ē）[1]。其羽，可用為儀[2]。吉。

注釋　[1]阿：大陵，大山。通行本原作「陸」，既與九三犯重，又與「儀」字失韻，而且違背本卦各爻取象漸次升高的原則，故應為誤字。今從江永、王引之諸家改為「阿」字，與「儀」（均歌部）協韻。《詩．大雅．皇矣》：「我陵我阿。」先陵後阿，與此類同。

2 儀：表率，標幟；這裏指一種儀仗或舞具（古代文舞執羽，武舞執干戚），有指揮作用。

譯文 最上位，陽爻：鴻雁飛上高山。牠的羽毛可用作指麾的羽儀。吉利。

解析 上爻位次最高，故稱「阿」。

賞析與點評

《漸》卦六爻以「干」、「磐」、「陸」、「木」、「陵」、「阿」，由低至高順次取象，描述鴻雁從河灘開始逐步登高，最後至極高處，便「其羽可用為儀」，意味鴻雁的生命完結，但同時也是另一新循環的開始。這是以比喻、象徵手法反映事物生滅盛衰、不停變化的過程與規律。與《乾》卦的由潛龍而見龍、躍龍、飛龍、亢龍到最後群龍無首，有異曲同工之妙。

類似的取象法常見於《易經》。如《井》卦各爻辭由井底說至井口、井蓋，由破敝說至整固、修復；《鼎》卦初爻說鼎足，二、三、四爻說鼎實（鼎中食物），五、上爻說鼎耳、鼎鉉，也是自下而上，逐步推進；《艮》卦各爻依「趾」、「腓」、「腰」、「身」、「頰」、「頭」，由下而上順次取象，等等，都有同樣的特點。顯出《易經》編著者的哲思與文心。

五十四　歸妹

䷵

（兌下震上）

本卦導讀——

《歸妹䷵》為《漸䷴》之倒卦，義亦相因。故《序卦》說：「《艮》者，止也。物不可以終止，故受之以《漸》。《漸》者，進也。進必有所歸，故受之以《歸妹》。」

《歸妹》，卦義為嫁女。妹，少女之稱（王弼注）；歸，女子出嫁。又義為嫁妹（《正義》）。卦體上震☳下兌☱。震為長男，為動，兌為少女，為悅，有男女相悅而動（結合）之象；又兌為澤，震為雷，澤上有雷，雷震於上，澤隨而動，亦男動於上，女悅而從之象：故卦名《歸妹》。卦中各爻亦多以婚嫁為言。

歸妹：征[1]，凶。无攸利[2]。

注釋 1征：征伐，或遠行。2攸：所。

譯文 《歸妹》卦：征行，凶險。無所利。

解析 卦體中四爻（二、三、四、五）皆位不正；而初爻與四爻、三爻與上爻又剛柔失應：故「征，凶。无攸利」。

初九：歸妹，以娣（dì）[1]。跛能履[2]。征[3]，吉。

注釋 1歸：嫁。妹：少女。以：連同。娣：女弟，即女子的妹妹。古代男子之妹稱妹，女子之妹稱娣。「歸妹以娣」，即古俗之「姊妹共夫婚姻（sororal polygyny）」（《管錐編》）：姊妹共嫁一夫，姊為正妻，妹為妾侍。2履：行走。3征：征伐，或遠行。

按，妹、娣、履、征、吉協韻，故這樣標點。

譯文 （自下而上）第一位，陽爻：嫁女，用她的妹妹陪嫁。瘸了條腿能走路。征行，吉利。

解析　下卦兑為少女，為「妹」；初爻在下，有「娣」象。然此爻失應於四，幸陽剛得位，故「跛能履」。「跛」而「能履」，故「征」行則「吉」。

九二：眇（miǎo）能視[1]。利幽人之貞[2]。

注釋　1 **眇**：瞎一目。2 **幽人**：可指幽居、幽閉或幽囚之人。

譯文　第二位，陽爻：瞎了一隻眼睛，能看見。利於占問幽隱之人的事。

解析　本爻位不當，體兑，為毀折；又體離（二至四爻），離為目為明：故「眇能視」。九二陽剛得中，與上卦中爻六五剛柔相應；五體坎（三至五爻），為陷坑，有幽囚之象：故「利幽人之貞」。

六三：歸妹，以須[1]；反歸[2]，以娣。

注釋　1 **以**：連同。**須**：通「嬃」，姊（《今注》）。2 **反歸**：被遣回娘家（《通義》）。

按，妹、歸、娣協韻，故這樣標點。

譯文 第三位，陰爻：嫁女，用她的姊姊陪嫁；被遣回，再用她的妹妹陪嫁。

解析 用姊姊作陪嫁為不合禮法，因而被遣回，結果仍以妹妹作陪嫁。下卦兌為少女，三居兌終，有「須（嬃）」象。六三以陰居陽，不中不正，且三、上敵應，故有此被遣回的「失禮」現象。《象》傳曰：「『歸妹以須』，未當也。」即指此。

九四：歸妹，愆（qiān）期[1]；遲歸，有時[2]。

注釋 1 愆：過。《詩・衛風・氓》：「匪我愆期，子無良媒。將子無怒，秋以為期。」2 時：伺（《廣雅・釋言》），等待。《象》傳云：「『愆期』之志，有待而行也。」

按，妹、歸通韻，期、時協韻，故這樣標點。

譯文 第四位，陽爻：嫁女，延誤了婚期；遲嫁，因有所等待。

解析 爻辭說，婚期延宕，是為了另擇更好的日子或時機。本爻以陽居陰失位，與下無應，故須有待而行，不能操之過急。

六五：帝乙歸妹[1]，其君之袂（mèi）[2]，不如其娣之袂良。月幾（既）望[3]，吉。

注釋 1帝乙：商朝之帝，名乙，為紂王之父。《泰·六五》：「帝乙歸妹，以祉，元吉。」可參看。2君：此指君夫人，亦稱女君，即帝乙之女，下嫁與周文王為妻者。《論語·季氏》：「邦君之妻，君稱之曰夫人；……邦人稱之曰君夫人，稱諸異邦曰寡小君；異邦人稱之亦曰君夫人。」《釋名·釋親屬》：「妾謂夫之嫡妻曰女君，夫為男君。」袂：衣袖。這裏表面説衣衫，實暗指容貌。3幾望：荀本作「既望」（《釋文》），漢帛《易》同。周曆以每月十五、十六日以後至二十二、三日為既望。「望，月滿之名也，月大十六日，小十五日」（《釋名·釋天》）。此當指婚期，或即四爻「遲歸有時」所待之吉日。

譯文 第五位，陰爻：帝乙嫁女（給周文王），那君夫人的衣着，不如她妹妹的衣裳漂亮。過了月中，吉利。

解析 六五居上卦中位、全卦之尊位，為君侯為帝；下卦兑為少女，為「妹」；今五、二相應：故有「帝乙歸妹」之象。此爻柔得中，與下有應，故「吉」。

上六：女承筐[1]，无實[2]；士刲（kuī）羊[3]，无血。无攸利。

注釋

1 承：捧持。《詩・小雅・鹿鳴》：「承筐是將。」筐：盛祭品的器具。2 實：容器中的物品；此指黍稷之類祭品。3 刲：刺死，割殺。《儀禮・少牢饋食禮》：「主人朝服即位於廟門之外，……司馬刲羊，司士擊豕。」鄭玄注：「刲、擊，皆謂殺之。」

按，筐、羊（均陽部）協韻，實、血、利（均質部）協韻，故這樣標點。

譯文

最上位，陰爻：女子捧着竹筐，空無祭品；男子宰殺羊隻，沒有鮮血。無所利。

解析

本爻以柔居卦極，雖得位，但下失應援，勢窮力蹙，因呈「无實」、「无血」不吉之象。此為祭祀之大忌，故「无攸利」。

五十五　豐

䷶（離下震上）

本卦導讀——

《歸妹》，指嫁女，即成家立室。家宅宜闊大，故《歸妹》後接以《豐》卦。《豐》，卦義為大，多，充盈，或擴闊、增大。卦體下離☲上震☳。離為明，震為動，光明而動；又離為電，震為雷，雷電俱至：並有光明、盛大之勢，故卦名《豐》。

又，離為日為明，震為刑傷（參《大畜．六五》、《艮．九三》），故本卦又有光明受傷，即日蝕之義。卦中二、三、四、五爻正描述日蝕從初虧至復圓的景象。

豐：亨[1]。王假之[2]。勿憂，宜日中[3]。

注釋　1亨：通。2王：指周王。假：通「格（各）」，至。常跟祭祀有關。《萃》：「王假有廟。」之：代詞；此指宗廟所在。3日中：太陽當頂之時，正午。

譯文　《豐》卦：順利。君王駕臨宗廟。不必憂慮，適宜在正午（祭祀）。

解析　「王假之」指周王到宗廟主持祭祀。

初九：遇其配主[1]。雖旬[2]，无咎。往，有尚[3]。

注釋　1配主：女主人，指男主人之配偶。2雖：通「唯」，漢帛《易》作「唯」；助詞，表肯定語氣。旬：十日。「雖旬，无咎」猶甲骨卜辭常見之「旬亡囚（咎）」。3尚：祐助；或指志同道合的朋友。參《泰·九二》：「得尚于中行。」

按，往、尚協韻，故點斷。

譯文　（自下而上）第一位，陽爻：遇到那位女主人。十天之內，沒有禍患。前去，會得友人相助。

解析　二、五爻分處內（下）、外（上）卦之中位，故為「主」；「配主」指二，「夷主」指五。初九陽剛得位，前「遇」六二，陰陽諧協，故「有尚」而「无咎」。

六二：豐其蔀（bù）[1]，日中見斗[2]。往，得疑疾[3]；有孚[4]，發若[5]。吉。

注釋　1 豐：大。蔀：本又作「菩」，義為蓆，引申指遮蔽，此謂日蝕時的陰影。2 斗：北斗七星。3 疑疾：心慌之病。疑，恐（《廣韻》）。4 孚：誠信。5 發若：豁然開朗的樣子。發，開；若，形容詞詞尾。

譯文　第二位，陰爻：那陰影逐漸擴大，正午看見北斗星。前行，患上恐懼症；因胸懷誠信，終於釋然。吉利。

解析　爻辭描述旅人途中遇見日蝕的情景。首二句言太陽由初虧至蝕既，故天昏地暗，白晝可看到北斗星。旅人初見此異象，以為大禍臨頭，不禁膽顫心驚，幸得平日虔敬上蒼，胸懷坦蕩，所以心情不久便平伏過來。《象》傳言：「信以發志也。」就是說，誠信可以啟發心志，令人清醒鎮定。

六二居中得正，心地光明，故終獲吉祥。

九三：豐其沛[1]，日中見沬[2]。折其右肱（gōng）[3]。无咎。

注釋　1 沛：通「旆」，幡幔，引申為障蔽，此指日蝕時的陰影。《集解》引九家注：「大暗謂之沛。」2 沬：通「昧」，本或作「昧」，小星（《釋文》引子夏等注）。3 肱：臂。漢帛《易》作「弓」。

譯文　第三位，陽爻：那黑影擴得更大，正午看見小星星。折斷了他的右臂。沒有禍患。

解析　本爻描述太陽由蝕既至蝕甚，即日全蝕情景，故天地昏黑，連小星星也可以看見。九三陽爻得位，且與上有應，雖有損傷，終無大礙，故「无咎」。

九四：豐其蔀，日中見斗[1]。遇其夷主[2]。吉。

注釋　1 豐、蔀、斗：注見六二。2 夷主：指女主人之妹，即同時嫁與男主人者（詳見《歸妹·初九》）。夷，通「姨」。《說文》：「妻之女弟同出為姨。」《爾雅·釋親》郭璞注：「同出，為俱已嫁。」

譯文　第四位，陽爻：那陰影逐漸縮小，正午看見北斗星。遇見那位小女主人。吉利。

解析 二爻為蝕既，三爻蝕甚，本爻生光，故景象復似二爻。九四以陽居陰，位不當，與下無應，故仍有障蔽之象。夷主指五；九四前「遇」六五，陰陽諧協，故「吉」。

六五：來章[1]，有慶、譽[2]。吉。

注釋 1 章：文彩，光華。2 慶：賀。譽：稱美。

按，章、慶、譽通韻，故這樣標點。

譯文 第五位，陰爻：光輝顯現，值得慶賀、讚美。吉利。

解析 太陽蝕後復圓，光芒再現，古人視為喜慶之事，故歡欣讚美。本爻柔得中處尊位，故得「吉」兆。

上六：豐其屋，蔀其家[1]。窺其戶[2]，闃（qù）其无人[3]，三歲不覿[4]。凶。

注釋 1 蔀：障蔽。2 戶：門。3 闃：空寂無人的樣子。4 三歲不覿：又見《困・初六》。

覿，見。

譯文 最上位，陰爻：把他的家居建得高大宏偉，又遮蔽得嚴嚴實實。從他宅門窺看，卻空寂無聲，數年都不見人影。凶險。

解析 上爻柔居卦極，處動（震為動）之終，勢窮力弱，無法抵擋巨變，故呈此「凶」兆。

賞析與點評

「窺其戶，闃其无人。」

一座豪宅，建得高大宏敞，想必曾朱門酒肉，貴客常臨，觥籌交錯，非常熱鬧。但現在卻竟然變得冷落荒涼：從他宅門窺看，空寂無聲，數年都不見人影。可知必定凶多吉少，情況不妙。正是「眼看他起朱樓，眼看他宴賓客，眼看他樓塌了……」（清．孔尚任《桃花扇》）。《豐卦》上六爻辭由一場日蝕的天象聯想到人事，說明盛衰變化、富貴無常之理，寓有深刻的社會人生感慨。

五十六 旅

䷷（艮下離上）

本卦導讀——

《旅䷷》為《豐䷶》之倒卦，義亦相因。《雜卦》說：「豐，多故也；親寡，旅也。」《豐》之卦義為大，家宅雖大，卻多災多難，弄至「闃其无人」，結果只好離家出走，長年浪跡在外，變為羈旅之人。

《旅》卦，義為旅居作客。卦體上離☲下艮☶，離有居室之象（參《家人・初九》），而艮為止，為門闕，故亦為居所，「望門投止」，正是旅人的生活寫照；六五柔居外卦中位，承上九之陽，有在外作客，得其所安，而隨順主人之象：故卦名為《旅》。全卦內容都與行旅之人的經歷、遭遇、見聞、心境有關。

旅：小亨[1]。旅貞[2]，吉。

注釋 1 小亨：與「元亨」相對而言。亨，通。2 旅：指行旅（動詞），或旅人（名詞）。

譯文 《旅》卦：稍順利。占問行旅之事，吉利。

解析 上下卦均陰爻居中位，是謂柔得中，而陽為大，陰為小，故稱「小亨」（參《小過》）。下艮為止，上離為明，行止附麗於光明，故「旅貞，吉」。

初六：旅瑣瑣[1]，斯其所取災（火）[2]。

注釋 1 旅：羈旅之人。瑣瑣：疲弊貌。2 所：助詞。災：漢帛《易》作「火」，可見所「取」之「災」為火災。按，瑣、火合韻，如作「災」則失韻，故以「火」字為是。

譯文 （自下而上）第一位，陰爻：旅人疲憊困頓，是他招致火災的因由。

解析 初爻柔在下，有「瑣瑣」之象。此爻以陰居陽失位，欲上應於四，四體離，離為火，因有旅人「取火」招災之象。

這裏先說明火災的原因，以下再詳述經過。

六二：旅即次[1]，懷其資[2]，得童僕貞[3]。

注釋　1 即：就，到達。次：舍，指旅館。2 資：財。3 得童僕貞：即「得忠心之奴僕」，為定語後置句。與《損・上九》：「得臣无家」；《夬・九四》：「聞言不信」；《困》：「有言不信」句式同。童，奴（《說文》），指未成年的奴僕。貞，正（見《師》卦《彖傳》），此指忠誠。（按，貞字在《易經》中出現一百一十二次，除在本卦六二、九三爻兩處釋為「正」之外，其餘均作「占問」解。）

譯文　第二位，陰爻：旅人抵達客舍，身上帶着他的錢財，獲得忠心的奴僕。

解析　二爻處艮體，艮為止，為門闕，故有「即次」憩息之象。艮又為手，為長男（均見《說卦》），故「得童僕」。

九三：旅焚其次[1]，喪其童僕〔貞〕。貞，厲[2]。

注釋　1 次：客舍。2 貞：前一貞字據楚簡《易》補，釋「正」；句式為定語後置。後一貞字仍釋「占問」。厲：危。

譯文　第三位，陽爻：旅人失火焚燬了客舍，失去他忠心的奴僕。占問，危險。

解析　九三得位而不中，與上無應，但鄰近上離之火，故終至取災「焚次」，「喪其童僕」，險象環生。

九四：旅于處[1]，得其資斧[2]。我心不快[3]。

注釋　1 旅于處：猶「旅即次」。于，往；動詞。《詩·周南·桃夭》：「之子于歸。」毛傳：「于，往也。」處：處所。2 資斧：錢財。資，財；斧，指古代斧形的金屬貨幣。3 快：喜樂。《艮·六二》：「其心不快。」

譯文　第四位，陽爻：旅人去到新的住地，得回他的錢財。但心裏仍不高興。

解析　旅人客舍被焚，又失去了奴僕，須要往尋新的居所，後來雖然得回錢財，但內心還是很不愉快。「我」，代旅人自稱。

六五：射雉，一矢亡。終以譽命[1]。

注釋 1 以：介詞，表憑藉或原因。譽命：好名聲。命，名（《廣雅·釋詁》）。

譯文 第五位，陰爻：射雉雞，一箭而斃。終於因此得到善射的美名。

解析 六五柔居中位、尊位，而能承上九之陽，謙下於人，得旅居作客之道，故獲得好結果。

上九：鳥焚其巢。旅人先笑，後號咷[1]。喪牛于易[2]。凶。

注釋 1 號咷：大聲哭嚎。2 喪：失。易：通「埸」，道路之別名（《玉篇》），又指田地、道路的邊界（參《大壯·六五》「喪羊于易」）。

譯文 最上位，陽爻：鳥兒焚燬了巢穴。旅人起初歡笑，後來號咷大哭。在路邊走失了牛隻。凶險。

解析 客舍被焚，猶如鳥巢之被燬。旅人雖獲新居，兼得「譽命」，但喪僕之後，又再失其牛，正是禍不單行，故「先笑後號咷」，境況極為不妙。

上九陽剛居《旅》卦之極，位不當，下無應援，卻淩乘六五，猶身在行旅而過分張狂，以致樂極生悲，高亢為禍，故得此「凶」兆。

賞析與點評

《旅》卦可視為中國現存最早的一篇短篇小說。卦爻辭講述一位旅人客途所遇的種種境況，過程悲喜交迸，而最後以「凶」告終。故事情節曲折多變，文字亦簡約生動，若按當時標準衡量，還應算是篇「白話」小說呢。在世界華文文學史上實應當特別記上一筆。

全篇用倒敘法，先述旅人失火遭災的原因和結果，然後再按時間順序，一一細述其如何投宿，得僕，然後又因火災而喪僕，最後更連牛隻也失去的不幸經歷；中間並插入曾以射術知名，一度揚眉吐氣的插曲。寫作手法豐富而細膩。

五十七　巽

䷸（巽下巽上）

本卦導讀——

《巽》卦接在《旅》卦之後，主要描述羈旅的境況。

《巽（xùn）》，有飄泊之義。巽為風（《說卦》、《序卦》），上巽☴下巽☴，二風相隨，所以無處不到。

巽又通「遜」，有卑順、謙退之義；《巽》卦卦體上下皆巽，自是十分謙卑、遜順。故《雜卦》云：「《巽》，伏也。」韓康伯注：「《巽》貴卑退。」

漢帛《易》卦名作《筭（suàn 算）》，和「巽」音近字通。

巽：小亨[1]。利有攸往[2]，利見大人[3]。

注釋　1 亨：通。2 攸：所。3 大人：有身份、地位的人，一般指王侯、貴族。

譯文　《巽》卦：稍順利。利於有所往，利於見貴人。

解析　初、四陰爻分居於二、三，五、上眾陽爻之下，是謂柔順乎剛，意味臣民馴服於君上，但可惜上、下卦中爻（五、二）未能相應，所以僅得「小亨」。巽為風，有行動義，故「利有攸往」。九五陽剛居中得正履尊位，意味君主剛毅公正，故「利見大人」。

初六：進退[1]。利武人之貞[2]。

注釋　1 進退：應進則進，宜退則退。《觀·六三》：「觀我生，進退。」2 武人：勇武之人，指武士、軍人、將帥。

譯文　（自下而上）第一位，陰爻：隨宜進退。利於占問軍人的事。

解析　巽為進退（《說卦》），初為巽之主爻，以陰居陽，位不當，且與上無應，故尤須小心謹慎，隨宜進退。軍事問題更是如此。

九二：巽、在牀下[1]，用史巫[2]、紛若[3]。吉，无咎。

注釋　1 巽：伏（《雜卦》）。2 史巫：祝史、巫覡（xí），皆「接事鬼神之人」。3 紛若：猶紛然，盛多貌。

按，巽、紛、吉合韻，下、巫、若通韻，故這樣標點。

譯文　第二位，陽爻：蜷伏在牀下，用眾多史巫祝禱祈禳。吉利，沒有禍患。

解析　此爻似描述一次驅鬼、辟邪之類的巫術儀式。

九三：頻巽[1]。吝[2]。

注釋　1 頻：通「顰」；皺眉頭。《復・六三》：「頻復。」巽：伏。2 吝：難。

譯文　第三位，陽爻：皺着眉頭俯伏。有困厄。

解析 三居巽末，雖當位而不中，又與上九無應，故顰蹙不安而「吝」。

六四：悔亡[1]。田[2]，獲三品[3]。

注釋 1 悔：悔恨，懊惱。2 田：同「畋」，狩獵。《解·九二》：「田，獲三狐。」3 三：虛數，表示多；或釋實數。品：類。《書·禹貢》：「厥貢唯金三品。」按，田、品合韻，故點斷。

譯文 第四位，陰爻：悔疚消除。打獵獵得幾種禽獸。

解析 六四得位，承九五之陽，陰陽諧協，故「悔亡」。

九五：貞，吉，悔亡[1]，无不利。无初，有終[2]。先庚三日，後庚三日[3]，吉。

注釋 1 悔：悔恨，懊惱。2 有終：指圓滿之結局。3 先庚三日，後庚三日：商、周曆法，每月三旬，每旬十日，以天干甲、乙、丙、丁、戊、己、庚、辛、壬、癸作代表。

庚前三日即丁日、戊日、己日，庚後三日即辛日、壬日、癸日；一說，庚前三日即丁日，庚後三日即癸日。《蠱》：「先甲三日，後甲三日。」可參。《通義》云：「先庚」二句占從丁日至癸日，共七日，周人多占七日」，故《復》卦有「七日來復」之語。

譯文 第五位，陽爻：占問，吉利，悔疚消除，無所不利。開頭不妙，最後有好結果。在庚日之前三日到庚日後三日，吉利。

解析 九五陽剛居中得正履尊位，能持《巽》順之道，故得佳兆。「先庚三日，後庚三日」，應為出行、辦事之吉日。

上九：巽、在牀下[1]，喪其資斧[2]。貞，凶。

注釋 1巽：伏。2資斧：錢財。參《旅．九四》：「得其資斧。」

按，巽、貞合韻，下、斧（均魚部）協韻，故這樣標點。

譯文 最上位，陽爻：蜷伏在牀下，喪失了他的錢財。占問，凶險。

解析 爻辭似描述一次途中遇劫情景。上九居《巽》卦之極，位不當，且與下無應，猶過乎卑順而陷窮蹙之境，故得「凶」兆。

五十八 兌

䷹

（兌下兌上）

本卦導讀——

《兌䷹》為《巽䷸》之倒卦，義亦相反：《巽》表示遜順、卑退，而《兌》則歡樂顯揚。

《兌》卦，有喜悅、言說、顯現數義。卦體下兌☱上兌☱，兌為悅，每卦一陰進於二陽之上，喜悅之情表見於外；又兌為口，主言語，故又有談說之義：因此卦名為《兌》。

兌：亨[1]，利貞。

注釋　1 亨：通。

譯文　《兌》卦：順利，利於占問。

解析　卦體二、五爻以陽剛分居下、上卦之中位，三、上爻以陰柔居兩卦之上位，呈柔外剛中、不諂不暴之象；又兑為澤，兩澤相連，互相滋潤增益，猶朋友講習，可令彼此得益：故「亨」而「利貞」。

初九：和兑（yuè）[1]。吉。

注釋　1 兑：讀為「悦」。

譯文　（自下而上）第一位，陽爻：和睦而喜悦。吉利。

解析　爻居兑始，得位，雖與上無應，但只要保持和煦、低調的態度，便可得「吉」。

九二：孚兌[1]。吉，悔亡[2]。

注釋　1孚：讀為「符」，符合相應。兌：讀為「悅」。2悔：悔恨，煩惱。

譯文　第二位，陽爻：同心而喜悅。吉利，悔疚消除。

解析　此爻陽剛得中，雖位不正，又與上無應，但親比於六三，陰陽相得，有「孚兌」之象。人能內心剛直，互相信賴，同心同德，自會吉祥。

六三：來兌[1]。凶。

注釋　1兌：讀為「悅」。

譯文　第三位，陰爻：特意來取悅。凶險。

解析　此有諂媚之象。爻居下卦之末，不中不正，與上無應，故「凶」。

九四：商兌、未寧[1]，介疾、有喜[2]。

注釋 1商：商量（《釋文》）。兌：讀為「説」，談説。寧：安，定。2介：大。有喜：指病癒。《无妄・九五》：「无妄之疾，勿藥，有喜。」

按，兑與諸爻之「兑」協韻，又兑、疾合韻，故這樣標點。

譯文 第四位，陽爻：商談未妥，大病痊癒了。

解析 爻處兩兑體口舌之間，有「商兑」之象。此爻不中不正，與下無應，然親比於三，陰陽相得，故疾病終可告痊。

九五：孚于剝[1]，有厲[2]。

注釋 1孚：符合，相應。《隨・九五》：「孚于嘉。」剝：剝落，毀爛，銷蝕（參《剝》卦）；此作名詞，指壞人壞事。2厲：危。

譯文 第五位，陽爻：親和應合於壞人，有危險。

解析 九五陽剛居中得正履尊位，但與下無應，遂親比於上六。上六陰柔處兑悦之極，乃小人佞幸之尤，九五與之昵近，後患無窮，故發出警號。

上六：引兌[1]。

注釋 1 引：長。《萃·六二》：「引吉。」兌：讀為「悅」。

譯文 最上位，陰爻：長久歡悅。

解析 上六以陰柔處兌悅之極，得位，有「引兌」之象。但長久耽於歡悅，樂而忘憂，以至暗伏危機而未覺。故若占得此爻，慎防樂極生悲。

五十九　渙

䷺（坎下巽上）

本卦導讀——

長期沉溺於歡悅，樂極忘形，易導致人心渙散，故《渙》卦接在《兌》卦後，令人知所警惕。

《渙》，卦義為水流滮漫，引申作離散。另外，渙又通「煥」，此卦因亦有文彩鮮明之義（《類纂》、《尚氏學》）。卦體上巽☴下坎☵。巽為風，坎為水，「風行水上，激動波濤，散釋之象」（《正義》）；而「風行水上，文理爛然」，亦有文彩之象（《尚氏學》）：所以卦名為《渙》。

按，兩者義實相因，蓋水流可蕩瑕滌垢，令事物煥發光彩；故二爻至上爻都隱然含此兩重意義。

渙：亨[1]，王假有廟[2]。〔利見大人，〕[3]利涉大川，利貞[4]。

注釋　1亨：通。《萃》：「亨。王假有廟。」義同，可參。2有：通「于（於）」。楚簡、漢帛《易》均作「于」。3利見大人：諸本無，據楚簡《易》補。4利貞：諸本有，獨楚簡《易》無。

按，人、川、貞協韻，而卦象亦合，故卦辭應補足如上。

譯文　《渙》卦：順利。君王駕臨宗廟。利於見貴人，利於涉渡大河，利於占問。

解析　九五、九二陽爻分居上、下卦之中位，所謂「雙剛得中」，象徵君權強而有力，能行正中之道，令政教得以順利施行，故「亨」通而「利貞」。上巽為木，呈舟象，下坎為水，舟行水上，因而「利涉大川」。「涉大川」，比喻涉險難，成大事。

初六：用拯馬[1]，壯，吉。〔悔亡。〕[2]

注釋　1用：以；連詞，表假設關係。楚簡、漢帛《易》與《伯29》此爻均無「用」字。拯馬：乘馬，指駕馭車馬。見《明夷・六二》：「用拯馬，壯，吉。」2楚簡、漢帛《易》

皆有「悔亡」二字，當據補。

按，馬、壯、亡通韻，故應這樣標點。或斷作「用拯馬，壯吉」（《今注》），「用拯馬壯，吉」（《通義》），又或作「用拯馬壯吉」（《正義》等）者，皆非是。

譯文 （自下而上）第一位，陰爻：如果駕馭車馬，馬匹強壯，則吉利。悔疚消除。

解析 下坎為水為「渙」。爻辭意云，於洪水漫溢之初，宜駕馭駿馬迅速離開。

九二：渙[1]，奔其机（jī）（居）[2]。悔亡。

注釋 1 渙：大水漶漫奔流。2 机：楚簡《易》作「居」，是。漢帛《易》作「階」。

按，渙、居、亡協韻，故這樣標點。

譯文 第二位，陽爻：洪流滌蕩，湧向那居所。悔疚消除。

解析 「渙奔其居」，既指洪水勢大，亦有滌除垢穢、除舊佈新之意，所以「悔亡」。

六三：渙其躬[1]。无悔（咎）[2]。

注釋　1躬：身。2悔：楚簡、漢帛《易》均作「咎」，與躬通韻，可從。

譯文　第三位，陰爻：洪流滌蕩那身軀。沒有禍患。

解析　洪水已湧入屋內，故淹沒到人。滌蕩身軀，也有清除垢穢之意，所謂滌瑕蕩垢。

六四：渙其群[1]。元吉。渙有丘[2]，匪夷所思[3]。

注釋　1群：指朋黨，或泛指人群。2有：于（於）。《家人・初九》：「閑有家。」3匪：通「非」。夷：平常。

譯文　第四位，陰爻：洪流滌蕩那人群。極其吉利。洪水漫溢至山丘，非平常所能想像。

解析　洪水漲得更高，滌蕩人群之垢穢，故極吉。而水流漫上山丘，猶《書・堯典》所謂「湯湯洪水方割，蕩蕩懷山襄陵，浩浩滔天」，已超乎日常想像之外，是特大洪水泛濫的景象。

賞析與點評

「匪夷所思。」

原句描述當時洪水肆虐，從平原淹至山嶺，從民居淹向山上的王宮，洪流之大，水勢之猛，為禍之烈，實從來所未見，遠出於人們日常想像之外，因此有「匪夷所思」之歎。

九五：渙〔其肝〕，大號[1]。渙王居。无咎。

注釋

1 首句原作「渙汗，其大號」，此據楚簡、漢帛《易》改（楚簡無「肝」字）。如此則全句為動賓結構，與「渙其躬」、「渙其群」、「渙其血」句式同。肝讀為「幹」或「榦」，屬同音借字，乃骨幹、棟樑之意，此指宮殿之楹柱。通行本作「渙汗」，乃疊韻聯綿詞，猶「浩汗」、「浩瀚」，水盛大貌。號：呼。

譯文

第五位，陽爻：洪水淹沒那殿柱，人們大聲呼叫。洪流滌蕩王宮。沒有禍患。

解析

最後，洪水更淹至山上的王宮。此爻陽剛中正居尊位，故有君王之象。

上九：渙其血、去逖出[1]。无咎。

注釋

1 血：同「恤」，憂也。逖：遠。《小畜・六四》：「有孚。血、去惕出。」「惕」亦讀為「逖」，可參考。

按，血、出合韻，故這樣標點。

譯文

最上位，陽爻：大水把那憂傷滌蕩遠去。沒有禍患。

解析

上九陽剛居卦極，位不當，但與六三有應，上巽為風，下坎為水，風行水上，遂將憂懼蕩滌而去。

賞析與點評

《渙》卦描述了上古時代特大洪水泛濫的情景。類似的「集體回憶」充滿在世界各地古老民族的口頭傳說和文字記載中（特別著名的有基督教《聖經》裏「諾亞方舟」的故事以及華人世界「大禹治水」的傳說），可見人類的家園確實遭遇過那樣一場浩劫，地球在它形成過程中，確曾經歷過一個「洪水時代」。它反映的是寰球氣候暖化，冰川大量消溶，海平面急劇上升所造成的持續多年的特大自然災變。

《渙》卦與別卦不同之處在於，它把災劫也看成是一種機遇，堅信：通過洪水的蕩滌洗禮，經受苦難的砥礪與磨煉，人們在付出巨大代價、總結經驗教訓之後，定能創造出更美好的將來。所以全體卦爻辭都是利、吉、元吉、無咎，完全不見一個「凶」字。對今天因世界金融災難長年不解而陷於悲觀、絕望的人們，《渙》卦顯示的信念，無疑有一定的啟發作用。

六十 節 ䷻（兌下坎上）

本卦導讀——

《節䷻》是《渙䷺》的倒卦，義亦相反：《渙》是渙散，《節》是對渙散加以約束與制衡。兩者構成對立統一關係。

《節》，卦義為節制，包括有節度，守禮儀，能節儉等。《彖》傳説：「節以制度。」《雜卦》云：「節，止也。」《釋文》：「節，止也，明禮、有制度之名。」都是相類似的意思。卦體上坎☵下兑☱。坎為陽卦，兑為陰卦，上剛下柔，各司其位，互相配合又不相踰越；又兑為澤，坎為水，澤上有水，必用堤圍加以限止：故卦名為《節》。

節：亨[1]。苦節，不可貞[2]。

注釋　1亨：通。2節：約束，限止，指遵守一定的禮儀、規矩、準則，或限度。《逸周書·謚法》：「好廉自克曰節。」不可貞：不可以占問，即占問之事不可行。此「苦節，不可貞」，猶上六爻之「苦節，貞，凶」。

譯文　《節》卦：順利。若以節制為苦，不能占問。

解析　此卦說明，如懂得自我節制，會事事亨通；倘以自律為苦，則一切免問。

初九：不出戶庭[1]。无咎。

注釋　1戶庭：指居室的範圍。戶，單扇門，內室之門。《玉篇》：「一扉曰户，兩扉曰門。」

譯文　（自下而上）第一位，陽爻：不出內宅。沒有禍患。

解析　「不出户庭」是有「節」之象，這裏有保留私隱之意。初九以陽居陽得位，上應於四；四體坎（上卦），坎為險：故「不出户庭」則可免犯險。

九二：不出門庭[1]**。凶。**

注釋　1門庭：指家宅的範圍。門，雙扇大門。

譯文　第二位，陽爻：不出家門。凶險。

解析　這裏有宜走出家門見世面之意。

此爻以陽居陰位不當，與上無應，故「不出門庭」，拘守原處則「凶」。

六三：不節若[1]**，則嗟若**[2]**。无咎**[3]**。**

注釋　1節：節制。若：語助詞。2嗟：歎。《離・六五》：「出涕沱若，戚嗟若。」3咎：怨責，怪罪。

譯文　第三位，陰爻：不加節制，便會憂傷悲歎。〔此乃咎由自取，〕無可怨怪於人。

解析　如果行為、慾望不加節制，常會產生各類嚴重後果，令人後悔不迭。六三陰居陽位，不中不正，且與上無應，意味有過分乖張的「不節」行徑，故有「嗟若」歎喟之象。

六四：安節[1]，亨[2]。

注釋 1節：節制。2亨：通。

譯文 第四位，陰爻：安於自我節制，順利。

解析 此爻得位，與下有應，又能以柔從剛，上承九五之陽；因有「安」然自「節」之象，令一切順暢。

九五：甘節[1]，吉。往，有尚[2]。

注釋 1甘節：以節制為樂。甘，美，樂（《玉篇》）。2往有尚：注見《豐・初九》。

譯文 第五位，陽爻：樂於自我節制，吉利。前去，會得友人相助。

解析 以自我節制為樂，比「安節」更進一步，故不但前景是吉，而且會遇同心之侶，得到別人熱心幫助。九五陽剛中正居尊位，乘承皆陰（四、上爻），陰陽諧協，因有此象。

上六：苦節[1]。貞，凶。悔亡。

注釋　1 苦節：以節制為苦。與九五「甘節」相反。

譯文　最上位，陰爻：以自我節制為苦。占問，凶險。悔疚消除。

解析　本爻以柔居《節》卦之極，與下無應，又淩乘九五，所為不順，遂由以節為樂走向反面——以節為苦，於是放任自流，毫無約束，不守規範，甚至胡作非為，因而得「凶」兆。但此爻以陰居陰位當，意味其人本質尚佳，若能因凶知悔，幡然改圖，復謹守其本分，便會轉危為安，得以無事。一說，「悔亡」兩字疑衍（見《今注》）。

按，爻辭從「不節」而「嗟」，到「安節」，再到「甘節」，結果也越來越好：由「无咎」到「亨」通，再到「吉」利。但物極則反，當一旦態度逆轉成以節制為苦時，便再由吉而凶，釀成惡果了。事物之演變往往如此，令人慨歎！

六十一　中孚

䷼

（兌下巽上）

本卦導讀——

要能夠自我約束，靠的是心中至誠，故《節》卦後接以《中孚》卦。

《中孚》，卦義為中心誠信。孚，信。本卦三、四陰爻處於全卦中央，為「柔在內」，二、五陽爻分居上、下卦之中位，為「剛得中」；卦體上巽☴下兌☱，兌為悅，巽為順，和悅而遜順：皆為中心誠信之象。又兌為澤，巽為風，澤上有風，風之動乎澤，猶誠之感於中。故卦名為《中孚》。

中孚：豚（tún）魚[1]，吉。利涉大川。利貞。

注釋　1 豚魚：小豬和魚；祭品之薄者。

譯文　《中孚》卦：用小豬和魚〔祭祀〕，吉利。利於涉渡大河。利於占問。

解析　本卦說明誠信的重要：只要內心誠摯，用豚魚般微薄的祭品也可感格神明，求得福祐；而且有助於涉渡險難，成就大業。

全卦「柔在內而剛得中」（《彖》傳），有「中孚」之象。又上巽為木為舟，下兑為澤為水，有舟行水上之象，故「利涉大川」。

初九：虞[1]，吉。有它[2]，不燕[3]。

注釋　1 虞：安（《廣雅．釋詁》）。2 它：蛇的本字；引申指不祥之物、意外事故等。3 燕：或作「宴」，安寧。

譯文　（自下而上）第一位，陽爻：安定，吉利。有變故，不安寧。

解析　爻辭說，安則吉；若有變，則不安，不吉。此陽爻得位，上有應援，故宜安於其位。

九二：鳴鶴在陰[1]，其子和之。我有好爵[2]，吾與爾靡（mí）之[3]。

注釋 1陰：背日之處。2爵：古代雀形酒杯；此指代酒。或釋爵位。3靡：共。

譯文 第二位，陽爻：母鶴在背陰處鳴叫，小鶴和牠應和。我有美酒，我與你共享。

解析 下卦九二、上卦九五均陽剛得中，同德互應，所以能有福同享。

六三：得敵[1]，或鼓，或罷[2]，或泣，或歌。

注釋 1得：遭逢，遇到。一說，俘獲（《今注》）。2罷：休止。此指士無鬥志。另解，罷讀作「疲」。

譯文 第三位，陰爻：遭遇敵人，有的擊鼓進軍，有的停下，有的哭泣，有的唱歌。

解析 爻辭描繪軍心渙散，行動不一，或某種身不由己的情況。又可釋為，描繪戰勝敵人之後，有的擊鼓唱歌慶賀，有的則疲極哭泣的情況。

六四：月幾（既）望[1]，馬匹亡[2]。无咎。

注釋　1 幾望：或作「既望」（《釋文》），漢帛《易》同。注詳《歸妹・六五》。2 匹：量詞，「雙曰匹，隻亦曰匹」（《定聲》）。

譯文　第四位，陰爻：月中之後，有馬匹走失。沒有禍患。

解析　此爻得位而不中，但上承九五，陰陽諧協，故只略有損失，而無咎禍。

九五：有孚，攣（luán）如[1]。无咎。

注釋　1 攣如：緊密關連、眷念不絕的樣子。又見《小畜・九五》。

譯文　第五位，陽爻：胸懷誠信，繫念不絕。沒有禍患。

解析　此爻陽剛中正居尊位，下履重陰（四、三爻），陰陽諧協，故呈「有孚，攣如」之象，而得「无咎」。

上九：翰音登于天[1]。貞，凶。

注釋 1 翰音：雞（《禮記・曲禮》）。一說，翰，高飛，飛音者，華美外揚，虛聲無實，不得久長（王弼注）。登：升。

譯文 最上位，陽爻：雞高飛到天上。占問，凶險。

解析 雞飛上天，勢難持久，故為「凶」兆。若占得此爻，切忌不自量力，好高騖遠，否則，必因力不從心、難以為繼而釀成災禍。上九陽剛失位，居卦之極，過乎亢進，故有此象。

六十二　小過

䷽

（艮下震上）

本卦導讀——

《小過䷽》是《中孚䷼》的反卦（兩卦六爻全部陰陽相反），義亦相因：若不能保持誠信，便會犯過錯。

《小過》，卦義為稍有踰越，或小事踰常，造成的是小過失、小差錯。過，經過，越過；引申指過分，或失誤。卦體下艮☶上震☳。艮為山，震為雷，山上有雷，空谷傳響，聲音較平常更加宏亮（此即稍有踰越）；又六五陰爻居全卦尊位，而九四陽爻則失位而不中，有稍踰常規，或小者過常之象：故卦名《小過》。

小過：亨，利貞。可小事，不可大事[1]。飛鳥，遺之音[2]，不宜上，宜下。大吉。

注釋　1大事：指祭祀或戰爭等。2之：猶「其」；代詞。《无妄・六三》：「或繫之牛。」

譯文　《小過》卦：順利，利於占問。可做小事，不可幹大事。鳥兒飛過留下牠的聲音，不適宜向上，適宜向下。大吉。

解析　常犯小錯或自律不嚴的人，做小事尚可，而不宜託付重任。就如鳥過留音，宜下不宜上一樣（往上則遠而難聞，往下則近而清亮）。全卦內實外虛，狀如飛鳥，故本卦卦爻辭一再提及「飛鳥」。此即古人所謂「鳥占」、「鳥卜」一類，即據鳥之飛、鳴狀況或方向等以定吉凶。這類方法早見於甲骨卜辭，且古今中外皆有，屬人類共通的卜筮文化之一。

初六：飛鳥[1]，以凶[2]。

注釋　1飛鳥：鳥飛。主謂倒裝，與《乾・初九》「潛龍」句式同。2以：與，帶來。

譯文　（自下而上）第一位，陰爻：鳥兒飛過，帶來凶兆。

解析　本爻一錘定音，已預示了全卦的終局。

六二：過其祖[1]，遇其妣（bǐ）[2]；不及其君[3]，遇其臣[4]。无咎。

注釋　1過：度，超越；此指錯過，不遇。2遇：逢，不期而會。妣：此指祖母。3不及：也是不遇之意。及，從後面趕上。君：猶主人。《儀禮》鄭玄注：「天子、諸侯及卿、大夫，有地者皆曰君。」4臣：指奴僕。漢帛《易》作「僕」。

譯文　第二位，陰爻：錯過了他的祖父，遇見他的祖母；沒見到他的主人，遇見他的臣僕。沒有禍患。

解析　這些都是「小過」的表現之一。二爻得位，又居下卦中位，柔順中正，故可「无咎」。

九三：弗過[1]，防之[2]；從[3]，或戕（qiāng）之[4]。凶。

注釋 1 弗：不。過：通過，踰越。2 防：障，禁。3 從：通「縱」，放縱。4 戕：殺，害。

按，防、戕協韻，之、之協韻，從、凶協韻，故這樣標點。

譯文 第三位，陽爻：沒有越界，但要防止他；如果縱容，可能害死他。凶險。

解析 爻辭意謂，做人處事都有一定界綫、準則，不可隨便踰越，否則後果堪虞。就是說，要防止「小過」釀成大禍。

九四：无咎。弗過，遇之[1]。往厲[2]，必戒[3]。勿用永貞[4]。

注釋 1 遇：不期而會。2 厲：危險。3 戒：警告。4 用：要；助動詞。《屯》：「勿用有攸往。」永：長久。

按，過與厲，之與戒分別通韻，故這樣標點。

譯文 第四位，陽爻：沒有禍患。還未越界，和他遇上了。前去危險，必須告誡他。不要占問長遠前景（意謂占問長遠之事則不吉）。

解析 爻辭告誡，若稍有踰越，稍有差池，便會發生危險，故切不可掉以輕心而放縱自己的行為。

六五：密雲不雨，自我西郊。公弋（yì）取、彼在穴[1]。

注釋　1弋：用帶繩的箭射鳥；亦泛指射。漢帛《易》作「射」。

按，取與郊合韻，又與上六爻遇等協韻，故點斷。

譯文　第五位，陰爻：陰雲密佈，沒有下雨，從我西郊而來。王公射取那在洞穴的禽獸。

解析　六五得中處尊，有王公氣象，惜以陰居陽，位不正，且與下無應，故終難成大事。「弋彼在穴」，便是卦辭「宜小不宜大」、「宜下不宜上」之意。

上六：弗遇，過之[1]。飛鳥，離之[2]。凶，是謂災眚[3]。

注釋　1過：通過。2離：通「羅」，鳥網，漢帛《易》正作「羅」；此用作動詞，謂以網捕鳥。3是：此。眚：災。

譯文　最上位，陰爻：沒有遇上，讓他過去了。飛鳥將被網羅。凶險，這就叫災禍。

解析　爻辭說，那人不聽勸誡定要越界而行，等於自投羅網，必導致災難性的後果。本爻與三爻呼應，發出嚴厲的警號：不要忽視「小過」，它最終甚至會釀成殺身之大禍。

六十三 既濟

☵☲（離下坎上）

本卦導讀——

倘能及時認識並消除錯誤，便有望獲得成功。故《既濟》接在《小過》之後。

《既濟》，卦義為成功過渡；濟，渡過。引申指舉事獲得成功，一切成為定局。卦體上坎☵下離☲。坎為水，離為火，水在火上，二者交相為用，烹飪可以成功；又或者以水滅火，可避免釀成災禍；故卦名《既濟》。

既濟：亨，小利貞。初吉，終亂。

譯文　《既濟》卦：順利，稍有利於占問。開始吉利，最終出亂子。

解析　卦體一、三、五陽爻居陽位，二、四、六陰爻居陰位，皆剛柔正而位當；而一與四，二與五，三與上，諸同位爻亦兩兩剛柔相應：故「亨」通。但上六陰柔居於卦極，處《既濟》之終，而凌乘九五之尊，有小人得勢弄權之象，故「終亂」。此乃物極必反，意味將由《既濟》向《未濟》轉化。所以若占得此卦，君子當居安思危。

初九：曳其輪[1]，濡其尾[2]，无咎。

注釋　1 曳：拉，牽引。2 濡：霑濕。

譯文　(自下而上)第一位，陽爻：拖拉那車輪(過河)，浸濕了車子的尾部，沒有禍患。

解析　初爻在下，像「尾」；坎為水：故有「濡尾」之象。此爻陽剛得位，上有應援，故「无咎」。

按，初、二、三爻說的雖然都是成功的事例，但總有波折，並非一帆風順。

六二：婦，喪其茀（fú）[1]，勿逐，七日得[2]。

注釋　1 茀：車廂的遮蔽物，簾幕之類。《詩・衛風・碩人》孔疏：「茀，車蔽也。婦人乘車不露見，車之前後設障以自隱蔽，謂之茀。」2 七日：注見《復》：「七日來復。」又《震・六二》：「勿逐，七日得。」

按，婦、得通韻，又與茀合韻，故這樣標點。

譯文　第二位，陰爻：婦人丟失了她的車窗簾，不必去找，七天內會失而復得。

解析　下卦離為中女，為「婦」，二為離之主爻；上坎為盜，五為坎之主爻；今婦鄰於盜：故「婦喪其茀」。但二、五爻相應，六二柔順中正，故「勿逐」可自「得」。

九三：高宗[1]，伐鬼方[2]，三年克之。小人勿用[3]。

注釋　1 高宗：商朝「中興之君」武丁的廟號。2 鬼方：北方方國名，與商是勁敵，見於武丁時甲骨卜辭及《詩經》等。3 小人：指身份地位低下的人，如平民、士卒等。勿用：不可任用。《師．上六》：「小人勿用。」

譯文　第三位，陽爻：殷高宗征伐鬼方，數年戰勝它。小民不得封賞，任用。

解析　「三年」，意味曠日持久，勞師動眾，代價甚大。戰勝後，「大人」有功受賞，拚搏賣命的「小人」則一無所得。

六四：繻（rú）[1]，有衣（yì）袽（rú）[2]。終日戒[3]。

注釋　1 繻：彩色絲織物；又通「襦」，短襖。漢帛《易》作「襦」。2 有：通「又」，楚簡《易》作「又」。衣：穿上；動詞。袽：敗衣（《集解》引虞翻注）。3 戒：警戒，防備。

按，繻、袽合韻，故點斷。

譯文　第四位，陰爻：漂亮衣裳外，再套件破衣衫。整天小心戒備。

解析　上卦坎，二至四爻又互坎，坎為盜；本爻恰處二坎間，故須穿破舊衣衫掩飾，並終日戒備，以提防被賊人搶劫。由於《既濟》已過半，漸向《未濟》轉化，故有此象。若占得此爻，宜謙謹自持，提高警覺，不可自我炫耀，或高調處事，否則必有損失。

九五：東鄰殺牛[1]，不如西鄰之禴（yuè）祭[2]，實受其福。〔吉。〕[3]

注釋
1 殺牛：指隆重的祭禮。漢帛《易》「殺牛」後有「以祭」二字。2 禴：同礿，古儉祭名。注見《萃・六二》：「孚，乃利用禴。」3 吉：據楚簡、漢帛《易》補。按，牛、福通韻，又與吉為韻，而爻象亦合，故「吉」字宜補。《象》傳曰：「『實受其福』，『吉』大來也。」亦可證原有「吉」字。

譯文
第五位，陽爻：東面鄰居殺牛祭祀，不如西面鄰居的簡樸祭祀，更能切實得到神靈的福祐。吉利。

解析
爻辭說，祭祀能否得到神靈的歆饗，賜福，不在祭品之多寡厚薄，而首要在祭祀者的品德和誠意。所謂「孚，乃利用禴」，即此意。東、西二鄰，一般認為喻指殷商和西周：商在東，周在西，故稱（見《禮記・坊記》）。九五陽剛中正居尊位，與下有應，故「受福」。

上六：濡其首。厲。

譯文　最上位，陰爻：弄濕了他的頭。危險。

解析　上爻稱「首」，坎為水，故有「濡首」之象。此爻以柔乘剛，所為不順，居卦之極，勢難持久，行將向《未濟》轉化，故危「厲」。卦辭謂「終亂」，便是指此而言。

六十四　未濟

䷿（坎下離上）

本卦導讀——

《未濟䷿》是《既濟䷾》的倒卦。《既濟》宣佈大功告成；《未濟》則和它唱反調，表示尚未成功：舊的終結，只是意味又一輪新的開始。所以《序卦》說：「物不可窮也，故受之以《未濟》終焉。」正確地指出由於事物發展的不可窮盡性，因此《周易》作者只能以《未濟》卦終結全書。《未濟》，卦義為未能過渡，引申指事未成功。卦體上離☲下坎☵。離為火，坎為水，火在水上，兩者方向背離，不能協同作用，故不能成功烹飪，對事物沒有助益，因而卦名《未濟》。

本卦與《既濟》為倒卦，爻辭多相應，可互參。

未濟：亨。小狐〔涉川〕，汔（qì）濟[2]，濡其尾[3]。无攸利[4]。

注釋

1 涉川：據《帛易傳・二三子》引文補。2 汔：幾，將近。《二三子》正作「幾」。濟：渡過。3 濡：霑濕。4 攸：所。

按，川、尾通韻，濟、利通韻，而爻象亦合，故應以有「涉川」為是。

譯文

《未濟》卦：順利。小狐狸渡河，將抵對岸時，浸濕了牠的尾巴。無所利。

解析

六五柔得中居尊位，與下有應；而初爻與四爻，三爻與上爻，亦兩兩剛柔相應，表示上下一心，和衷共濟，故「亨」通。但全卦六爻，一、三、五陰居陽位，二、四、六陽居陰位，皆失位，意味才德均不稱其職，猶如狐狸不諳水性卻要渡河，最終必陷困境，故「无攸利」。這便是「未濟」的表現。

初六：濡其尾[1]。吝[2]。

注釋

1 濡其尾：注見《既濟・初九》。2 吝：難。

譯文

（自下而上）第一位，陰爻：浸濕了它的尾部。有困厄。

解析　初爻有「尾」象，而下坎為水，故有「濡其尾」之象。此爻以陰居陽失位，當《未濟》之初，故「吝」。

九二：曳其輪[1]。貞，吉。〔利涉大川。〕[2]

注釋　1 曳其輪：注見《既濟・初九》。2 楚簡《易》「吉」後有「利涉大川」一句，今本、漢帛《易》無。輪、川（皆文部）協韻，爻象亦合，故當以有此句為是。

譯文　第二位，陽爻：拖拉車輪（過河）。占問，吉利。利於涉渡大河。

解析　下卦坎為水，九二陽剛得中，雖位不當，但能行正道，又上有應援（五爻），故有「利涉大川」之「吉」象。

六三：未濟[1]，征[2]，凶。利涉大川[3]。

注釋　1 濟：渡。2 征：遠行；或出征。3 利涉：一說，「利」字上疑脱漏「不」字（《本義》、《今注》)。非是。楚簡、漢帛《易》均無「不」字。

譯文 第三位,陰爻:未獲成功,征行,凶險。利於涉渡大河。

解析 此爻不中不正,處重坎(下卦坎,三至五爻又互坎)之中,坎為險,故有「征,凶」之象。但與上九剛柔相應,且二至四爻互離,三至五爻互坎,離下坎上成《既濟䷾》,故又有「利涉大川」之象。占得此爻,出門宜走水路,不宜走陸路;而幹大事則會成功。

九四:貞,吉。悔亡。震、用伐鬼方[1],三年,有賞于大國(邦)[2]。

注釋 1 震:威,怒;有「雷霆萬鈞」之勢,「大張旗鼓」之意。《詩・大雅・常武》:「王奮厥武,如震如怒。」馬氏《通釋》云:「訓震為威,義與怒同。」用:助詞,表動作之實施、進行。鬼方:原為北方方國名,後用以統稱西北一帶的遊牧部族:「殷曰鬼方,周曰玁狁,漢曰匈奴」(《史記・五帝本紀・索隱》)。按,「伐鬼方」又見《既濟・九三》:「高宗,伐鬼方,三年克之。」乃指殷王武丁之事;另《竹書紀年》載:「武乙三十五年,周王季伐西落鬼戎,俘二十翟(狄)王。」周王季即季歷,為文王之父,時代遠後於武丁；西落鬼戎即鬼方。本爻所指似為後者之事。2大國：《集解》本作「大邦」，是。漢時避劉邦諱改「邦」為「國」，參《師・上六》。「大邦」指殷商，當時是周的宗主國，直至西周初年，周人尚有稱殷為「大國殷」、「大邦殷」（如《書・召誥》），而自稱「小邦周」（如《書・大誥》）者。

按，貞、亡、方、邦合韻，又吉、震、年協韻，故這樣標點。

譯文 第四位，陽爻：占問，吉利。悔疚消除。大張旗鼓地征伐鬼方，三年〔取勝〕，得到大邦殷的賞賜。

解析 九四陽剛失位，但與下有應，且乘、承皆陰，陰陽諧協，志意得行，故「吉」而「悔亡」。四爻近比六五，五居尊位、君位，故「有賞于大邦」。

六五：貞，吉。无悔。君子之光[1]，有孚[2]。吉。

注釋 1之：助詞，有加強語氣作用。2孚：誠信；此指信譽、威望。《革・九三》：「革言三就，有孚。」

譯文 第五位，陰爻：占問，吉利。沒有悔恨煩惱。君子光榮啊，有信譽、威望。吉利。

解析 上卦離為光；五居中位、君位、尊位，故呈「君子之光」象。又下應九二，故「有孚，吉」，「无悔」。

上九：有孚、于飲酒[1]，无咎。濡其首，有孚，失是[2]。

注釋 1 孚：讀為「符」，符合相應。2 是：正（《集解》引虞），直（《說文》）。

按，孚、酒、咎、首、孚（均幽部）協韻，故這樣標點。

譯文 最上位，陽爻：合符飲酒的規矩，沒有禍患。但〔醉酒〕淋濕了頭，雖合規矩，也失去正道。

解析 上九下應六三，三居坎體（初至三爻，三至五爻），而坎為水為「酒」，故「有孚于飲酒」。上爻有「首」象，但陽剛居卦極，位不當，故有「飲酒」過度，「濡首」而「失是」之象。

附錄

《易傳》

《易傳》是先秦時代儒家一派為主的學者對《易經》的注解、闡釋之作，一般認為成於春秋末至戰國期間，包括《彖》傳上、下，《象》傳上、下，《繫辭》上、下，《文言》、《說卦》、《序卦》和《雜卦》共七種十篇，統稱「十翼」（翼為羽翼、輔助正文之意）。其中《彖》傳主要根據卦爻象解說六十四卦的卦名義與卦辭；《象》傳解說各卦的卦象、卦辭，以及爻象與爻辭；《文言》則專釋《乾》、《坤》兩卦的卦爻辭。它們合理的或值得參考的意見，本書已充分納入每卦的「解讀」與注、析之中。其餘《繫辭》上、下與《說卦》、《序卦》、《雜卦》等五篇則附錄於下，以供參考。

繫辭·上

天尊地卑，乾坤定矣。卑高以陳，貴賤位矣。動靜有常，剛柔斷矣。方以類聚，物以群分，吉凶生矣。在天成象，在地成形，變化見矣。是故剛柔相摩，八卦相蕩，鼓之以雷霆，潤之以風雨，日月運行，一寒一暑。乾道成男，坤道成女。乾知大始，坤作成物。乾以易知，坤以簡能。易則易知，簡則易從。易知則有親，易從則有功。有親則可久，有功則可大。可久則賢人之德，可大則賢人之業。易簡，而天下之理得矣。天下之理得，而成位乎其中矣。

聖人設卦觀象，繫辭焉而明吉凶，剛柔相推而生變化。是故吉凶者，失得之象也；悔吝者，憂虞之象也；變化者，進退之象也；剛柔者，晝夜之象也。六爻之動，三極之道也。是故君子所居而安者，《易》之序也；所樂而玩者，爻之辭也。是故君子居則觀其象而玩其辭，動則觀其變而玩其占，是以「自天祐之，吉无不利」。

彖者，言乎象者也；爻者，言乎變者也；吉凶者，言乎其失得也；悔吝者，言乎其小疵也；无咎者，善補過也。是故列貴賤者存乎位，齊小大者存乎卦，辯吉凶者存乎辭，憂悔吝者存乎介，震无咎者存乎悔。是故卦有小大，辭有險易。辭也者，各指其所之。

《易》與天地準，故能彌綸天地之道。仰以觀於天文，俯以察於地理，是故知幽明之故。原始反終，故知死生之說。精氣為物，遊魂為變，是故知鬼神之情狀。與天地相似，故不違。知周乎萬物，而道濟天下，故不過。旁行而不流，樂天知命，故不憂。安土敦乎仁，故能愛。範圍天地之化而不過，曲成萬物而不遺，通乎晝夜之道而知，故神無方而《易》無體。

一陰一陽之謂道，繼之者善也，成之者性也。仁者見之謂之仁，知者見之謂之知。百姓日用而不知，故君子之道鮮矣。顯諸仁，藏諸用，鼓萬物而不與聖人同憂，盛德大業，至矣哉！富有之謂大業，日新之謂盛德，生生之謂易，成象之謂乾，效法之謂坤，極數知來之謂占，通變之謂事，陰陽不測之謂神。

夫《易》，廣矣大矣，以言乎遠則不禦，以言乎邇則靜而正，以言乎天地之間則備矣。夫乾，其靜也專，其動也直，是以大生焉。夫坤，其靜也翕，其動也闢，是以廣生焉。廣大配天地，變通配四時，陰陽之義配日月，易簡之善配至德。子曰：「《易》，其至矣乎！夫《易》，聖人所以崇德而廣業也。知崇禮卑，崇效天，卑法地，天地設位，而《易》行乎其中矣。成性存存，道義之門。」

聖人有以見天下之賾，而擬諸其形容，象其物宜，是故謂之象。聖人有以見天下之動，而觀其會通，以行其典禮，繫辭焉以斷其吉凶，是故謂之爻。言天下之至賾而不可惡也，言天下之至動而不可亂也。擬之而後言，議之而後動；擬議以成其變化。

「鳴鶴在陰，其子和之。我有好爵，吾與爾靡之。」子曰：「君子居其室，出其言善，則千里之外應之，況其邇者乎？居其室，出其言不善，則千里之外違之，況其邇者乎？言出乎身，加乎民；行發乎邇，見乎遠。言行，君子之樞機。樞機之發，榮辱之主也。言行，君子之所以動天地也，可不慎乎！」

「同人先號咷而後笑。」子曰：「君子之道，或出或處，或默或語。二人同心，其利斷金；同心之言，其臭如蘭。」

「初六，藉用白茅，无咎。」子曰：「苟錯諸地而可矣，藉之用茅，何咎之有？慎之至也。夫茅之為物薄，而用可重也。慎斯術也以往，其無所失矣。」

「勞謙，君子有終，吉。」子曰：「勞而不伐，有功而不德，厚之至也。語以其功下人者也。德言盛，禮言恭；謙也者，致恭以存其位者也。」

「亢龍有悔。」子曰：「貴而無位，高而無民，賢人在下位而無輔，是以動而有悔也。」

「不出戶庭，无咎。」子曰：「亂之所生也，則言語以為階：君不密則失臣，臣不密則失身，幾事不密則害成。是以君子慎密而不出也。」

子曰：「作《易》者，其知盜乎？《易》曰：『負且乘，致寇至。』負也者，小人之事也；乘也者，君子之器也。小人而乘君子之器，盜思奪之矣；上慢下暴，盜思伐之矣。慢藏誨盜，冶容誨淫。《易》曰：『負且乘，致寇至。』盜之招也。」

大衍之數五十，其用四十有九。分而為二，以象兩。掛一，以象三。揲之以四，以象四時。歸奇於扐，以象閏；五歲再閏，故再扐而後掛。天一，地二；天三，地四；天五，地六；天七，地八；天九，地十。天數五，地數五，五位相得，而各有合。天數二十有五，地數三十，凡天地之數五十有五，此所以成變化而行鬼神也。《乾》之策，二百一十有六，《坤》之策，百四十有四，凡三百有六十，當期之日。二篇之策，萬有一千五百二十，當萬物之數也。是故四營而成《易》，十有八變而成卦。八卦而小成。引而伸之，觸類而長之，天下之能事畢矣。顯道神德行，是故可與酬酢，可與祐神矣。

子曰：「知變化之道者，其知神之所為乎。《易》有聖人之道四焉：以言者尚其辭，以動者尚其變，以製器者尚其象，以卜筮者尚其占。」是以君子將有為也，將有行也，問焉而以言，其受命也如響，無有遠近幽深，遂知來物。非天下之至精，其孰能與於此？參伍以變，錯綜其數。通其變，遂成天下之文；極其數，遂定天下之象。非天下之至變，其孰能與於此？《易》，無思也，無為也，寂然不動，感而遂通天下之故。非天下之至神，其孰能與於此？夫《易》，聖人之所以極深而研幾也。唯深也，故能通天下之志；唯幾也，故能成天下之務；唯神也，故不疾而速，不行而至。子曰「《易》有聖人之道四焉」者，此之謂也。

子曰：「夫《易》，何為者也？夫《易》，開物成務，冒天下之道，如斯而已者也。」是故聖人以通天下之志，以定天下之業，以斷天下之疑。是故蓍之德，圓而神；卦之德，方以知；六爻之義，易以貢。聖人以此洗心，退藏於密，吉凶與民同患。神以知來，知以藏往，其孰能與於此哉？古之聰明睿知、神武而不殺者夫！是以明於天之道，而察於民之故，是興神物，以前民用。聖人以此齋戒，以神明其德夫。是故闔戶謂之坤，闢戶謂之乾，一闔一闢謂之變，往來不窮謂之通，見乃謂之象，形乃謂之器，制而用之謂之法，利用出入、民咸用之謂之神。

是故《易》有太極，是生兩儀，兩儀生四象，四象生八卦，八卦定吉凶，吉凶生大業。是故法象莫大乎天地；變通莫大乎四時；縣象著明莫大乎日月；崇高莫大乎富貴；備物致用，立〔功〕成器以為天下利，莫大乎聖人；探賾索隱，鉤深致遠，以定天下之吉凶、成天下之亹亹者，莫大乎蓍龜。是故天生神物，聖人則之；天地變化，聖人效之；天垂象，見吉凶，聖人象之；河出圖，洛出書，聖人則之。《易》有四象，所以示也；繫辭焉，所以告也；定之以吉凶，所以斷也。

《易》曰：「自天祐之，吉无不利。」子曰：「祐者，助也。天之所助者，順也；人之所助者，信也。履信，思乎順，又以尚賢也，是以『自天祐之，吉无不利』也。」子曰：「書不盡言，言不盡意。」然則聖人之意，其不可見乎？子曰：「聖人立象以盡意，設卦以盡情僞，繫辭焉以盡其言，變而通之以盡利，鼓之舞之以盡神。」

乾坤，其《易》之緼邪，乾坤成列，而《易》立乎其中矣。乾坤毀，則無以見《易》。《易》不可見，則乾坤或幾乎息矣。是故形而上者謂之道，形而下者謂之器，化而裁之謂之變，推而行之謂之通，舉而錯之天下之民謂之事業。是故夫象，聖人有以見天下之賾，而擬諸其形容，象其物宜，是故謂之象；聖人有以見天下之動，而觀其會通，以行其典禮，繫辭焉以斷其吉凶，是故謂之爻。極天下之賾者，存乎卦；鼓天下之動者，存乎辭；化而裁之，存乎變；推而行之，存乎通；神而明之，存乎其人；默而成之，不言而信，存乎德行。

繫辭・下

八卦成列，象在其中矣；因而重之，爻在其中矣；剛柔相推，變在其中矣；繫辭焉而命之，動在其中矣。吉凶悔吝者，生乎動者也；剛柔者，立本者也；變通者，趣時者也；吉凶者，貞勝者也；天地之道，貞觀者也；日月之道，貞明者也；天下之動，貞夫一者也。夫乾，確然示人易矣；夫坤，隤然示人簡矣。爻也者，效此者也；象也者，像此者也。爻象動乎內，吉凶見乎外，功業見乎變，聖人之情見乎辭。天地之大德曰生，聖人之大寶曰位。何以守位？曰仁。何以聚人？曰財。理財正辭、禁民為非，曰義。

古者包犧氏之王天下也，仰則觀象於天，俯則觀法於地，觀鳥獸之文與地之宜，近取諸身，遠取諸物，於是始作八卦，以通神明之德，以類萬物之情。作結繩而為網罟，以佃以漁，蓋取諸《離》。包犧氏沒，神農氏作，斫木為耜，揉木為耒，耒耨之利，以教天下，蓋取諸《益》。日中為市，致天下之民，聚天下之貨，交易而退，各得其所，蓋取諸《噬嗑》。神農氏沒，黃帝、堯、舜氏作，通其變，使民不倦，神而化之，使民宜之。《易》，窮則變，變則通，通則久。是以「自天祐之，吉无不利」。黃帝、堯、舜垂衣裳而天下治，蓋取諸《乾》、《坤》。刳木為舟，剡木為楫，舟楫之利，以濟不通，致遠以利天下，蓋取諸《渙》。服牛乘馬，引重致遠，以利天下，蓋取諸《隨》。重門擊柝，以待暴客，蓋取諸《豫》。斷木為杵，掘地為臼，杵臼之利，萬民以濟，蓋取諸《小過》。弦木為弧，剡木為矢，弧矢之利，以威天下，蓋取諸《睽》。上古穴居而野處，後世聖人易之以宮室，上棟下宇，以待風雨，蓋取諸《大壯》。古之葬者，厚衣之以薪，葬之中野，不封不樹，喪期無數，後世聖人易之以棺槨，蓋取諸《大過》。上古結繩而治，後世聖人易之以書契，百官以治，萬民以察，蓋取諸《夬》。

是故《易》者，象也；象也者，像也。彖者，材也。爻也者，效天下之動者也。是故吉凶生而悔吝著也。

陽卦多陰，陰卦多陽。其故何也？陽卦奇，陰卦耦。其德行何也？陽一君而二民，君子之道也。陰二君而一民，小人之道也。

《易》曰：「憧憧往來，朋從爾思。」子曰：「天下何思何慮？天下同歸而殊塗，一致而百慮。天下何思何慮？日往則月來，月往則日來，日月相推而明生焉。寒往則暑來，暑往則寒來，寒暑相推而歲成焉。往者屈也，來者信也，屈信相感而利生焉。尺蠖之屈，以求信也。龍蛇之蟄，以存身也。精義入神，以致用也。利用安身，以崇德也。過此以往，未之或知也。窮神知化，德之盛也。」

《易》曰：「困于石，據于蒺藜。入于其宮，不見其妻。凶。」子曰：「非所困而困焉，名必辱；非所據而據焉，身必危。既辱且危，死期將至，妻其可得見耶！」

《易》曰：「公用射隼于高墉之上，獲之。无不利。」子曰：「隼者，禽也；弓矢者，器也；射之者，人也。君子藏器於身，待時而動，何不利之有？動而不括，是以出而有獲，語成器而動者也。」

子曰：「小人不恥不仁，不畏不義，不見利不勸，不威不懲。小懲而大誡，此小人之福也。《易》曰：『屨校滅趾。无咎。』此之謂也。善不積，不足以成名；惡不積，不足以滅身。小人以小善為無益而弗為也，以小惡為無傷而弗去也，故惡積而不可揜，罪大而不可解。《易》曰：『何校滅耳，凶。』」

子曰：「危者，安其位者也；亡者，保其存者也；亂者，有其治者也。是故君子安而不忘危，存而不忘亡，治而不忘亂，是以身安而國家可保也。《易》曰：『其亡其亡，繫于苞桑。』」

子曰：「德薄而位尊，知小而謀大，力少而任重，鮮不及矣。《易》曰：『鼎折足，覆公餗，其形渥。凶。』言不勝其任也。」

子曰：「知幾，其神乎！君子上交不諂，下交不瀆，其知幾乎？幾者，動之微，吉〔凶〕之先見者也。君子見幾而作，不俟終日。《易》曰：『介于石，不終日。貞，吉。』介如石焉，寧用終日？斷可識矣。君子知微知彰，知柔知剛，萬夫之望。」

子曰：「顏氏之子，其殆庶幾乎？有不善未嘗不知，知之未嘗復行也。《易》曰：『不遠復，无祇悔。元吉。』天地絪縕，萬物化醇。男女構精，萬物化生。《易》曰：『三人行，則損一人；一人行，則得其友。』言致一也。」

子曰：「君子安其身而後動，易其心而後語，定其交而後求。君子修此三者，故全也。危以動，則民不與也；懼以語，則民不應也；無交而求，則民不與也。莫之與，則傷之者至矣。《易》曰：『莫益之，或擊之。立心勿恆，凶。』」

子曰：「乾、坤，其《易》之門邪？」乾，陽物也；坤，陰物也。陰陽合德，而剛柔有體，以體天地之撰，以通神明之德。其稱名也，雜而不越。於稽其類，其衰世之意邪？夫《易》，彰往而察來，而微顯闡幽，開而當名，辨物正言，斷辭則備矣。其稱名也小，其取類也大，其旨遠，其辭文，其言曲而中，其事肆而隱。因貳以濟民行，以明失得之報。

《易》之興也，其於中古乎？作《易》者，其有憂患乎？是故《履》，德之基也；《謙》，德之柄也；《復》，德之本也；《恆》，德之固也；《損》，德之修也；《益》，德之裕也；《困》，德之辨也；《井》，德之地也；《巽》，德之制也。《履》，和而至；《謙》，尊而光；《復》，小而辨於物；《恆》，雜而不厭；《損》，先難而後易；《益》，長裕而不設；《困》，窮而通；《井》，居其所而遷；《巽》，稱而隱。《履》以和行，《謙》以制禮，《復》以自知，《恆》以一德，《損》以遠害，《益》以興利，《困》以寡怨，《井》以辨義，《巽》以行權。

《易》之為書也不可遠，為道也屢遷，變動不居，周流六虛，上下無常，剛柔相易，不可為典要，唯變所適。其出入以度，外內使知懼，又明於憂患與故，無有師保，如臨父母。初率其辭而揆其方，既有典常。苟非其人，道不虛行。

《易》之為書也，原始要終以為質也。六爻相雜，唯其時物也。其初難知，其上易知，本末也。初辭擬之，卒成之終。若夫雜物撰德，辯是與非，則非其中爻不備。噫！亦要存亡吉凶，則居可知矣。知者觀其彖辭，則思過半矣。二與四，同功而異位，其善不同：二多譽，四多懼，近也。柔之為道，不利遠者，其要无咎，其用柔中也。三與五，同功而異位：三多凶，五多功，貴賤之等也。其柔危，其剛勝邪？

《易》之為書也，廣大悉備，有天道焉，有人道焉，有地道焉。兼三材而兩之，故六。六者非它也，三材之道也。道有變動，故曰爻；爻有等，故曰物；物相雜，故曰文；文不當，故吉凶生焉。

《易》之興也，其當殷之末世，周之盛德邪？當文王與紂之事邪？是故其辭危。危者使平，易者使傾，其道甚大，百物不廢；懼以終始，其要无咎：此之謂《易》之道也。

夫乾，天下之至健也，德行恒易以知險；夫坤，天下之至順也，德行恒簡以知阻。能説諸心，能研諸侯之（按，「侯之」二字衍）慮，定天下之吉凶，成天下之亹亹者。是故變化云為，吉事有祥。象事知器，占事知來。天地設位，聖人成能。人謀鬼謀，百姓與能。八卦以象告，爻彖以情言，剛柔雜居，而吉凶可見矣。變動以利言，吉凶以情遷，是故愛惡相攻而吉凶生，遠近相取而悔吝生，情偽相感而利害生。凡《易》之情，近而不相得則凶；或害之，悔且吝。將叛者其辭慚，中心疑者其辭枝，吉人之辭寡，躁人之辭多，誣善之人其辭游，失其守者其辭屈。

説卦

昔者聖人之作《易》也，幽贊於神明而生蓍，參天兩地而倚數，觀變於陰陽而立卦，發揮於剛柔而生爻，和順於道德，而理於義，窮理盡性以至於命。昔者聖人之作《易》也，將以順性命之理，是以立天之道曰陰與陽，立地之道曰柔與剛，立人之道曰仁與義；兼三才而兩之，故《易》六畫而成卦。分陰分陽，迭用柔剛，故《易》六位而成章。

天地定位，山澤通氣，雷風相薄，水火不相射：八卦相錯。數往者順，知來者逆，是故《易》，逆數也。

雷以動之，風以散之，雨以潤之，日以烜之，艮以止之，兑以説之，乾以君之，坤以藏之。

帝出乎震，齊乎巽，相見乎離，致役乎坤，説言乎兑，戰乎乾，勞乎坎，成言乎艮。萬物出乎震，震，東方也。齊乎巽，巽，東南也；齊也者，言萬物之潔齊也。離也者，明也，萬物皆相見，南方之卦也；聖人南面而聽天下，嚮明而治，蓋取諸此也。坤也者，地也，萬物皆致養焉，故曰：致役乎坤。兑，正秋也，萬物之所説也，故曰：説言乎兑。戰乎乾，乾，西北之卦也，言陰陽相薄也。坎者，水也，正北方之卦也，勞卦也，萬物之所歸也，故曰：勞乎坎。艮，東北之卦也，萬物之所成終，而所成始也，故曰：成言乎艮。

神也者，妙萬物而為言者也。動萬物者莫疾乎雷。撓萬物者莫疾乎風。燥萬物者莫熯乎火。説萬物者莫説乎澤。潤萬物者莫潤乎水。終萬物始萬物者，莫盛乎艮。故水火相逮，雷風不相悖，山澤通氣，然後能變化，既成萬物也。

乾，健也。坤，順也。震，動也。巽，入也。坎，陷也。離，麗也。艮，止也。兑，説也。

乾為馬。坤為牛。震為龍。巽為雞。坎為豕。離為雉。艮為狗。兑為羊。

乾為首。坤為腹。震為足。巽為股。坎為耳。離為目。艮為手。兑為口。

乾，天也，故稱乎父。坤，地也，故稱乎母。震一索而得男，故謂之長男。巽一索而得女，故謂之長女。坎再索而得男，故謂之中男。離再索而得女，故謂之中女。艮三索而得男，故謂之少男。兑三索而得女，故謂之少女。

乾為天，為圜，為君，為父，為玉，為金，為寒，為冰，為大赤，為良馬，為老馬，為瘠馬，為駁馬，為木果。（《釋文》引九家注：為龍，為直，為衣，為言。）

坤為地，為母，為布，為釜，為吝嗇，為均，為子母牛，為大輿，為文，為眾，為柄，其於地也為黑。（《釋文》引九家注：為牝，為迷，為方，為囊，為裳，為黃，為帛，為漿。）

震為雷，為龍，為玄黃，為旉，為大塗，為長子，為決躁，為蒼筤竹，為萑葦；其於馬也為善鳴，為馵足，為作足，為的顙；其於稼也為反生；其究為健，為蕃鮮。（《釋文》引九家注：為玉，為鵠，為鼓。）

巽為木，為風，為長女，為繩直，為工，為白，為長，為高，為進退，為不果，為臭；其於人也為寡髮，為廣顙，為多白眼，為近利市三倍；其究為躁卦。（《釋文》引九家注：為楊，為鸛。）

坎為水，為溝瀆，為隱伏，為矯輮，為弓輪；其於人也為加憂，為心病，為耳痛，為血卦，為赤；其於馬也為美脊，為亟心，為下首，為薄蹄，為曳；其於輿也為多眚；為通，為月，為盜；其於木也為堅多心。（《釋文》引九家注：為宮，為律，為可，為棟，為叢棘，為狐，為蒺藜，為桎梏。）

離為火，為日，為電，為中女，為甲冑，為戈兵；其於人也為大腹；為乾卦，為鱉，為蟹，為蠃，為蚌，為龜；其於木也為科上槁。（《釋文》引九家注：為牝牛。）

艮為山，為徑路，為小石，為門闕，為果蓏，為閽寺，為指，為狗，為鼠，為黔喙之屬；其於木也為堅多節。（《釋文》引九家注：為鼻，為虎，為狐。）

兑為澤，為少女，為巫，為口舌，為毀折，為附決；其於地也為剛鹵；為妾，為羊。（《釋文》引九家注：為常，為輔頰。）

序卦

有天地，然後萬物生焉。盈天地之間者唯萬物，故受之以《屯》。《屯》者，盈也；《屯》者，物之始生也。物生必蒙，故受之以《蒙》。《蒙》者，蒙也，物之稚也。物稚不可不養也，故受之以《需》。《需》者，飲食之道也。飲食必有訟，故受之以《訟》。訟必有眾起，故受之以《師》。《師》者，眾也。眾必有所比，故受之以《比》。《比》者，比也。比必有所畜，故受之以《小畜》。物畜然後有禮，故受之以《履》。《履》者，禮也。履而泰，然後安，故受之以

《泰》。《泰》者，通也。物不可以終通，故受之以《否》。物不可以終否，故受之以《同人》。與人同者，物必歸焉，故受之以《大有》。有大者不可以盈，故受之以《謙》。有大而能謙必豫，故受之以《豫》。豫必有隨，故受之以《隨》。以喜隨人者必有事，故受之以《蠱》。《蠱》者，事也。有事而後可大，故受之以《臨》。《臨》者，大也。物大然後可觀，故受之以《觀》。可觀而後有所合，故受之以《噬嗑》。嗑者，合也。物不可以苟合而已，故受之以《賁》。《賁》者，飾也。致飾然後亨則盡矣，故受之以《剝》。《剝》者，剝也。物不可以終盡剝，窮上反下，故受之以《復》。《復》則不妄矣，故受之以《无妄》。有《无妄》，然後可畜，故受之以《大畜》。物畜然後可養，故受之以《頤》。《頤》者，養也。不養則不可動，故受之以《大過》。物不可以終過，故受之以《坎》。《坎》者，陷也。陷必有所麗，故受之以《離》。《離》者，麗也。

有天地然後有萬物，有萬物然後有男女，有男女然後有夫婦，有夫婦然後有父子，有父子然後有君臣，有君臣然後有上下，有上下然後禮義有所錯。夫婦之道，不可以不久也，故受之以《恒》。《恒》者，久也。物不可以久居其所，故受之以《遯》。《遯》者，退也。物不可以終遯，故受之以《大壯》。物不可以終壯，故受之以《晉》。《晉》者，進也。進必有所傷，故受之以《明夷》。夷者，傷也。傷於外者必反於家，故受之以《家人》。家道窮必乖，故受之以《睽》。《睽》者，乖也。乖必有難，故受之以《蹇》。《蹇》者，難也。物不可以終難，故受之以《解》。《解》者，緩也。緩必有所失，故受之以《損》。損而不已必益，故受之以《益》。《益》

而不已必決，故受之以《夬》。夬者，決也。決必有遇，故受之以《姤》。《姤》者，遇也。物相遇而後聚，故受之以《萃》。《萃》者，聚也。聚而上者謂之升，故受之以《升》。升而不已必困，故受之以《困》。困乎上者必反下，故受之以《井》。井道不可不革，故受之以《革》。革物者莫若鼎，故受之以《鼎》。主器者莫若長子，故受之以《震》。《震》者，動也。物不可以終動，止之，故受之以《艮》。《艮》者，止也。物不可以終止，故受之以《漸》。《漸》者，進也。進必有所歸，故受之以《歸妹》。得其所歸者必大，故受之以《豐》。《豐》者，大也。窮大者必失其居，故受之以《旅》。旅而無所容，故受之以《巽》。《巽》者，入也。入而後說之，故受之以《兌》。《兌》者，說也。說而後散之，故受之以《渙》。《渙》者，離也。物不可以終離，故受之以《節》。節而信之，故受之以《中孚》。有其信者必行之，故受之以《小過》。有過物者必濟，故受之以《既濟》。物不可窮也，故受之以《未濟》終焉。

雜卦

《乾》剛，《坤》柔。《比》樂，《師》憂。《臨》、《觀》之義，或與或求。《屯》見而不失其居。《蒙》雜而著。《震》，起也；《艮》，止也。《損》、《益》，盛、衰之始也。《大畜》，時也。《无妄》，災也。《萃》聚，而《升》不來也。《謙》輕，而《豫》怠也。《噬嗑》，食也。《賁》，無色也。《兑》見，而《巽》伏也。《隨》，無故也。《蠱》則飭也。《剝》，爛也；《復》，反也。《晉》，晝也；《明夷》，誅也。《井》通，而《困》相遇也。《咸》，速也；《恆》，久也。《渙》，離也；《節》，止也。《解》，緩也；《蹇》，難也。《睽》，外也；《家人》，內也。《否》、《泰》，反其類也。《大壯》則止，《遯》則退也。《大有》，眾也。《同人》，親也。《革》，去故也；《鼎》，取新也。《小過》，過也；《中孚》，信也。《豐》，多故也；親寡，《旅》也。《離》上，而《坎》下也。《小畜》，寡也。《履》，不處也；《需》，不進也。《訟》，不親也。《大過》，顛也。《姤》，遇也，柔遇剛也。《漸》，女歸待男行也。《頤》，養正也。《既濟》，定也。《歸妹》，女之終也；《未濟》，男之窮也。《夬》，決也，剛決柔也，君子道長，小人道憂也。

名句索引

三畫

四畫

五畫

六畫

七畫

八畫

九畫

十畫

十一畫

十二畫及以上

鴻漸、于阿。其羽，可用為儀。　三五九

豐其屋，蔀其家。窺其户，闃其无人。　三七一

觀國之光，利用賓于王。　一七一

新　視　野
中華經典文庫

新 視 野
中華經典文庫